Cómo ser
padre primerizo
y no morir en el intento

Frank Blanco nació en abril de 1975 en Barcelona. Llegó cuando nadie lo esperaba, el último de tres hermanos. Su infancia estuvo marcada por una pasión, la radio, y con 13 años debutó en la emisora de su pueblo, Radio Mollet, con un espacio para niños. A tan temprana edad comenzó a desarrollar una versatilidad que lo ha llevado a formar parte de algunos de los proyectos de mayor éxito en la radio y en la televisión: *Crónicas marcianas*, *Del 40 al 1*, *Caiga quien caiga* o *Gran hermano* en la pequeña pantalla. Los 40 Principales y casi siete años al frente del *morning show Anda ya!* fueron el mejor entrenamiento para la falta de sueño que trajo la paternidad. También ha dirigido el programa de Cadena Dial *Atrévete* y su última aventura ha sido el programa *Zapeando* de La Sexta. Frank dice haber plantado varios árboles, acaba de ser padre por segunda vez y debuta como escritor con el ejemplar que tienes entre manos. Y además presume de ser muy bueno en dos de estas tres tareas...

FRANK BLANCO

Cómo ser
padre primerizo

y no morir en el intento

punto de lectura

ISBN: 978-84-663-2784-8
Depósito legal: M-366-2014
Impreso en España – Printed in Spain

Diseño de cubierta: Opalworks
Fotografía de cubierta: Marta Schmidt

Primera edición: febrero 2014

Impreso en BLACK PRINT CPI (Barcelona)

A mis hijos, Martín y Mateo. Por hacerme renacer.
A mi padre, Dionisio,
por ser mi guía siempre, aun sin estar.

«Seré tu compañero todos los días de mi vida.

Harás de mi fuerza la tuya.

Verás mi vida a través de tus ojos,

y yo la tuya a través de los míos.

El hijo se convertirá en padre, y el padre en hijo».

Superman, Richard Donner (1978)

Índice

Prólogo de Pedro Piqueras 13

1. Houston, tenemos un predictor 21
2. La metamorfosis. Ahora vas y lo *kafkas* 29
3. Que viene, que viene... 39
4. ¡Me parto! 45
5. La leche que te han dado 59
6. Ojito a esto 65
7. ¡El primer mes-tresa! 69
8. La cuarentena principales 79
9. Ni un «segundo» de respiro 85
10. Al tercero voy vencido 93
11. Ponme «cuarto» y mitad 101
12. ¡Quinto levanta! 109
13. El sexto consentido 117

14. Me han hecho un «siete».................................129

15. El «octavo» pasajero......................................139

16. De la Mary Poppins a la de «la he liado

parda» 151

17. Más fuera que dentro 159

18. Llevo un «décimo» y no es de lotería 169

19. El del «once» siempre toca.............................179

20. ¡Feliz año nuevo! 189

Epílogo. De bien nacido es ser agradecido..........201

Prólogo

Esto de la paternidad no es cosa fácil. No voy a decir que se trata de algo terrorífico o apocalíptico —si no incluyo estos adjetivos en el inicio del prólogo Frank Blanco podría sentirse decepcionado— pero realmente a veces asusta. No hay consejos que valgan y tampoco creo que nuestro amigo el autor lo haya pretendido con este volumen. Ha hecho lo mejor que se puede hacer para tratar el asunto: contar la vida del padre primerizo como es, con sus anécdotas y con un gran sentido del humor. Lo normal en un periodista radiofónico cuya misión es despertar a la peña a base de carcajadas en uno de los programas matinales de la Cadena SER. Pero, bueno, a lo que vamos. Se supone que tengo que hablar de la paternidad. Es lo que quiere Frank. Así que voy a ello.

Cuando nació mi hijo apenas había manuales de autoayuda ni personajes con grandes y fundamentales ideas acerca de las relaciones paternofiliales. Las chicas aprendieron de sus madres y practicaron aquello de la maternidad en sus tradicionales cursos o juegos infantiles con muñecas. Pero nosotros, los varones, habíamos dedicado más tiempo a eso del fútbol y a lanzarnos cantazos en las pedreas de barrio con lo que, llegado su tiempo, éramos unos auténticos inexpertos en eso de la paternidad responsable. Algunos tuvimos que hacer un doble o un triple esfuerzo, bien por convencimiento propio, bien porque nuestra compañera resultaba ser una incipiente feminista defensora del reparto equitativo del trabajo en el hogar; o por ambas cosas a la vez que, según creo, era mi caso. Así que con la modernidad instalándose en España, con los nuevos modos de entender las relaciones de pareja y con la asunción de tareas familiares y domésticas antes impensables nació el nuevo padre español. O sea, yo mismo.

Estaba preparado, aunque sólo mentalmente, para ser un padre responsable. Y en ésas mi hijo decidió venir al mundo... Fue en el mes de junio al final de la feria de San Isidro y le cayó el sobrenombre de Curro porque unos días antes el maestro de Camas, Curro Romero, había hecho un faenón del que hablaba todo Madrid. Hoy la nueva progresía no entendería que un joven se dijera inmerso en la modernidad y en la paternidad activa, y que a la vez le gustaran los toros. Pero antes sí que ocurría y no había tantos prejuicios; uno podía acudir a las Ventas sin levantar la más mínima sospecha ideológica. Supongo que en este mundo de ahora, tan complejo, con tantas redes sociales y tanta diversidad, las personas necesitan poner etiquetas a todo para intentar comprender lo que pasa a su alrededor; o para tener un sentido de pertenencia a este o aquel grupo determinado. No sé. Antes las cosas eran de otra manera; más normales, diría yo. Y al niño le cayó encima el apodo del famoso torero sin que ello, por cierto, determinara su vida; de hecho, ni pisa ni tiene la intención de pisar una plaza de toros.

Ya estábamos los tres: Curro, su madre y un servidor. Como trabajaba de noche en el informativo *24 horas* de Radio Nacional de España tenía tiempo de sobra para mis labores en las horas matinales: lavar al nene, echarle los polvitos secantes en sus partes pudendas, ponerle el pañal, darle el biberón o la papilla y a una hora determinada abrigarlo bien para el paseo. Y desde las calles de Alberto Aguilera y Marqués de Urquijo, caminata hasta las terrazas del paseo de Rosales donde, cañita al sol, pude comprobar que los padres con bebé a bordo tienen más fortuna para las relaciones callejeras con el sexo contrario que aquellos que tiran de mascota, aunque se trate de los casi humanos golden retriever. No se imaginan lo que se liga, sin pretenderlo, con un bebé. Bueno, tampoco piensen en aventuras novelescas de amor y sexo porque, salvo alguna amistad que todavía conservo de aquellos tiempos, las relaciones se limitaban a conversaciones sobre la paternidad/maternidad, técnicas para la colocación del pañal y otras cuestiones relativas a la higiene y a la educación de nuestros hijos. Bueno, algún coqueteo, alguna insinuación también los había... Pero lo mejor, sin duda, fue el tiempo que pasé con él. Un día me cambiaron de horario laboral y dejé aquellos paseos, aquellos encuentros y esa conversación sin palabras con mi hijo querido.

No lo puedo asegurar, pero creo que de aquel tiempo surgió entre nosotros una relación muy especial. No sé si sabría explicarlo —ni siquiera si responde o no finalmente a la realidad— pero tengo la sensación de que es en los primeros meses de vida cuando el trato con los hijos marca de un modo imperceptible el futuro de la comunicación, del entendimiento con ellos. Creo que ésa podría ser una de las razones del buen rollo con mi hijo que aún hoy —ya tiene 27 tacos— no rechaza pasar un par de periodos de vacaciones a solas con su padre. Y eso que alguna mala pasada le hice en la infancia, como aquella vez en que anduvo un tanto malucho y lo llevamos al médico: «No creo que se trate de meningitis» —nos dijo a su madre y a mí— «pero si finalmente tiene vómitos, como de disparos de escopeta, lo traen de nuevo». Volvimos a casa con el susto en el cuerpo, sin dejar de vigilarlo ni un instante; y de pronto sufrió varias pequeñas arcadas... Lo enganché con tal miedo, con tal violencia que se me cayó al suelo y se hizo una brecha sangrienta en la barbilla... No era meningitis finalmente, pero tuvieron que darle varios puntos que ahora oculta con una barba que, según entiendo, es horrenda... y que a él le encanta.

Un día, cosas que pasan, su madre y yo nos separamos. Y me impuse una meta: que la nueva situación, en lo que se refería a la relación con mi hijo, fuera algo meramente accidental. No quería perderlo por nada del mundo... Creo que pasaban muy pocos días sin que lo llamara por teléfono y desde luego nos reuníamos más a menudo de lo que marcaban las normas pactadas en el acuerdo de divorcio. Supongo que también tengo que agradecerle a su madre que las cosas fueran de esa manera. El caso es que pude seguir muy de cerca todo cuanto le pasaba... todo cuanto podía preocuparlo o hacerle feliz. Y llegó a la adolescencia y después a la juventud y a la madurez creo que sin demasiados traumas. Bueno, Curro ya era maduro desde bien pequeño. Y ahora pone algo de cordura en mi vida, como hijo responsable que es.

A menudo los hijos se nos parecen, que diría Serrat. El mío en concreto tiene los dedos meñiques de los pies igualitos que los míos. A veces también, los padres pensamos que son de esta u otra manera por la educación que les hemos transmitido. Que sacan buenas o malas notas, que son esforzados o vagos, que son felices o tristes según los conceptos aprendidos de nosotros mismos... Es una buena manera de felicitarnos por su desarrollo e incluso por su suerte en la vida. Las actitudes, el buen ejemplo, la honestidad pueden aprenderse —no digo que después vayan a seguirse a pie juntillas— en el hogar familiar. Pero los padres no somos los únicos en transmitir creencias y valores en una sociedad en la que cada vez cobran más importancia las relaciones con los amigos o el tráfico de informaciones a través de Internet y las redes sociales... Como la madre republicana de la mítica Hildegart Rodríguez Carballeira, aunque sin su empeño dramático... aconsejé a Curro sobre lo que debía o no debía hacer: que estudiara música, que se sumergiera en el aprendizaje de varios idiomas. Le di todo tipo de consejos. Algunos los siguió; cuando no lo hizo dio sus explicaciones y justificaciones con su particular envoltura verbal-filosófica. Afortunadamente para él y para mí, consiguió ser mucho de lo que quiso ser como persona y no lo que otros quisimos que fuera. Y acertó. Es entonces cuando los padres nos sentimos orgullosos de nuestros hijos, de su forma de ser, de su vitalidad, de su honestidad y de sus creencias a pesar de los demás... Cuando hemos comprendido que algo hay en el espacio que nos impide trasladarles nuestras imperfecciones, nuestras taras.

No quiero ponerme sentimental. No era el caso y por eso termino. Querido lector, lo vas a pasar bien, muy bien con la lectura de este libro del mítico Frank Blanco. Sobre todo porque tampoco es un manual de uso acerca de esos artefactos vivientes llamados hijos que un día llegan para hacer más feliz, más interesante o más estresante nuestra existencia. Es un volumen lleno de experiencias y situaciones. Disfruta de estas páginas que son, como dicen en la Mancha «la risión padre». Y disfruta de tus hijos si es que los tienes... La paternidad, aun con sus problemas, que los hay, es lo mejor, lo más divertido que puede pasarte en la vida. Dentro de unos instantes lo entenderás.

PEDRO PIQUERAS

I

Houston, tenemos un predictor

Hay fechas que uno nunca olvida: el día que ves a las Mamachicho por primera vez en televisión, el día en que te proponen dirigir y presentar el *¡Anda ya!*, el día en que te proponen dejar de hacerlo o el día en que te suena el despertador a las cuatro y media de la madrugada por primera vez. Y, por encima de todos, el día que te enteras de que vas a ser padre. En ese momento cualquier fecha anterior se borra de tu memoria. Al escuchar la noticia mi disco duro dijo adiós a las Mamachicho y hola a «papá Frank».

Fue el 11 de junio del año 2010. Viernes por la noche. Exactamente a las nueve, ocho en Canarias. Perdón, son costumbres radiofónicas. Mi chica y yo llevábamos tiempo buscando la ansiada criatura, y no es que hubiéramos tirado la toalla pero sí habíamos decidido no agobiarnos. Íbamos a tomárnoslo como si fuera el euromillón: si viene, será bien recibido, pero si no seguiremos jugando. Total, buscar un hijo es más divertido como juego que echar el euromillón. Después de unos días en los que mi chica parecía una compañía aérea, es decir, tenía un retraso considerable en lo que es el tema, nos hicimos con un predictor. No era la primera vez que usábamos uno y tampoco pensábamos que iba a ser la última. Casi sin querer se había establecido una especie de ritual. Ella se iba al baño, hacía lo que se hace en el baño con el predictor y volvía al salón —sin mirar el aparatejo— para que viéramos juntos el resultado. La espera dura más o menos un minuto. Imaginaos la escena: un hombre y una mujer en un sofá mirando un termómetro que tiene restos de pis de uno de los dos en un extremo y una pantallita en el centro. Una escena muy romántica, sí señor. A esto le pones música de piano y violín, y te lo puede protagonizar Sandra Bullock seguro. Pero no, ni mi chica ni yo somos Sandra Bullock. ¿Que qué pensé en ese minuto en el que ese artilugio hacía su trabajo? Muy buena pregunta. Pues podría decir que en mil profundidades intelectuales y emociones contenidas, pero lo cierto es que me vino una pregunta a la cabeza que todavía hoy no he podido responder con total certeza. ¿De qué polvo venía esta criatura, si es que venía? Como he dicho todavía no sé la respuesta. En un primer momento y echando la mente hacia atrás creo que mi hijo es fruto de una noche divertida en el Rock in Rio de Portugal. Oh, Dios, a lo mejor mi hijo es portugués. No lo sé con seguridad. Ya me daré cuenta cuando crezca si al decirle que tiene que estudiar me contesta mientras me mete un dedo en el ojo: «¿Y por qué? No entiendo por qué»...

Volvamos al predictor. Como veis, un minuto en estas circunstancias da para mucho. Una vez transcurrido el tiempo de espera mi chica coge el predictor, lo acerca para ver el resultado y ¡bingo! Frank Blanco, tu vida va a cambiar para siempre. No sé muy bien por qué, supongo que por culpa de las malditas películas que deforman la realidad o porque uno tiene ideas preconcebidas de cómo va a reaccionar, pero nuestra reacción al verlo no fue la que imagináis. Estábamos muy contentos, claro, pero por dentro; porque lo que es por fuera parecíamos una versión 2.0 de Iniesta. Con el tiempo me han preguntado si me entró miedo, agobio. Para nada, en absoluto. El miedo viene más adelante, querido futuro padre. Pero de eso ya hablaremos.

Lo primero que hicimos fue mirar siete veces seguidas las instrucciones del plástico ese que te dice si eres padre. Siete veces, una detrás de otra. Vamos, que el asunto quedó más confirmado que la alopecia de Kiko Rivera. Y en este momento ya empiezan los líos. Ya empiezan las posibilidades de que se monte un pollo. La criatura no es más que un color en un termómetro con pis y ya hay que tomar una primera decisión. ¿A quién se lo decimos primero? ¿A tu madre? ¿A la mía? ¿No se lo decimos a nadie todavía? Pues bien, basándome en mi experiencia de padre primerizo aquí va mi primer:

Blanconsejo

¿Qué hacer con esta primera duda que flota en el aire? ¿Qué decir? ¿Cómo reaccionar? La respuesta a estas preguntas te la vas a encontrar más veces en estas páginas, y créeme que vale su peso en oro. Es tan valiosa que la puedes cambiar por dinero en una tienda de Compro Oro. Si la cambias te arregla el mes.

Querido amigo, lo pondré en mayúsculas. Lo que tienes que hacer es... CEDER, sí, sí, lo repito... CEDER. Es bueno que te vayas acostumbrando. En tu casa, la madre de tus hij@s va a ser la que mande. No quiero que nadie piense que es una cuestión de machismo porque no lo es. Más bien es una forma de apoyar a tu pareja. Piensa que es su cuerpo el que va a cambiar estrepitosamente, y que aunque sea maravilloso lo que os va a suceder, ella lo va a pasar mal en algunos momentos, y tú debes apoyarla. ¿Qué más da si es ella la que decide?

Lo que debes hacer cuando surge la multi-pregunta «¿y ahora, a quién se lo decimos primero, lo hacemos ya?» es mirarla a los ojos y con mucho amor decirle lo mismo que ella te dijo la primera vez que quedasteis para salir y tú le preguntaste: «¿Qué te apetece hacer?» Exacto. La miras y le dices: «Lo que tú quieras, mi amor».

Recuerdo que mi chica y yo (o sea, mi chica) decidimos decírselo primero a su madre. Y aquí empieza un nuevo episodio dentro de esta aventura llamada paternidad. Ser padre es una gran experiencia por muchas razones, y una de ellas es que puedes comprobar cómo son los que te rodean en algunas circunstancias especiales. Es probable que aquí empiece, a tus espaldas, un episodio clásico de culebrón que sería digno de ver en televisión. Lo que va a pasar será lo más parecido a un capítulo lleno de enredos de *La que se avecina*. Nunca mejor dicho.

El capítulo empieza cuando tú coges el teléfono y dices: «Oye, estamos embarazados pero no se lo digas a nadie que queremos llevarlo en secreto de momento». Sólo hay una cosa más rápida en el universo que la luz, y es la velocidad que llevará esa persona en contar tu «secreto». Y lo contará así. Cogerá el teléfono y: «Oye, Frank va a ser padre, pero me ha dicho que es un secreto así que si te lo dice pon cara de sorpresa, y si te pregunta, yo no te he dicho nada». Así se formará una cadena de secretos y de gente que ya sabe lo que no debería saber todavía, que es lo que tú sabes, pero no sabes que lo saben, y vete tú a saber cuántos más lo sabrán, y un día, a saber cuándo, tendrás delante de tus narices a personas que al contárselo tendrán la misma expresividad en la cara que Iniesta con bótox.

Hay que ver cómo son las reacciones de la gente. Es la primera vez que eres padre. Es una noticia muy importante para ti, puede que la más importante que te han dado nunca, pero ¿cómo crees que reaccionará tu madre cuando le cuentes que serás padre? ¿O tu padre? ¿Y tu mejor amigo, ese con el que te vas de cervezas cada fin de semana? Prepárate para llevarte algunas sorpresas. Hay respuestas de todos los tipos.

Los hay que lloran, que se emocionan tanto que hacen que tú acabes llorando. La madre de mi chica y mi hermana se emocionaron mucho y nos emocionaron a nosotros.

Otros tienen una reacción un tanto extraña. Es como si lo dieran por hecho. Como si ya lo supieran. Como si un ángel se les hubiera aparecido y se lo hubiera dicho o como si la noche anterior hubieran llamado a Sandro Rey y éste, en su inmensa sabiduría, les hubiera contestado que Frank Blanco les iba a comunicar que iba a ser padre. Esto pasó con mi madre. «Mamá, voy a ser padre». Respuesta de mi madre: «Ah, claro, ya lo sabía». Conclusión: mi madre es un predictor.

A otros directamente se la pela. Sin más. En plan: «Ah, vas a ser padre, pues guay, enhorabuena. Por cierto, he llamado a Paco y dice que el sábado no puede venir a cenar». Te encontrarás esta reacción en algunos amigos. Supongo que está basada en la negación de que las cosas, a lo mejor, o mejor dicho, seguro, van a cambiar un poco.

Los habrá que tendrán una reacción que te decepcionará. No les guardes rencor. Es una gran noticia y no todo el mundo sabe cómo reaccionar ante una cosa así. Igual que hay gente que no sabe cómo comportarse o qué decir en un funeral, tiene que haber gente que no sepa qué decir cuando un nuevo ser humano va a venir al mundo. Digamos que esta gente es mala con el tema de los viajes humanos, de ida y de vuelta. Ése fue el caso de mi hermano. No me lo esperaba. En lugar de darme la enhorabuena me dijo: «¡Vaya, ésta sí que te ha enganchado bien! Pero ¿tú querías tener hijos?». Y otras perlas que no voy a relatar aquí para que nuestra cena de Navidad de este año sea pacífica. Al final tuve que convencerlo de que yo sería un buen padre.

Hay reacciones para todos los gustos. No dejéis que os afecten. Lo principal ahora es disfrutar de la noticia y mantener la calma. Vas a ser padre primerizo. Como lo fue Darth Vader, como lo fue tu padre. Que la fuerza te acompañe porque aquí viene un viaje con más curvas que una etapa del Tour por los Pirineos. Aquí llega el embarazo.

2

La metamorfosis
Ahora vas y lo *kafkas*

Kafka, un genio de la literatura, escribió un gran libro titulado *La metamorfosis*. En esa fantástica novela un hombre se convierte en un insecto. Pues bien, por muy extraño y hasta desagradable que eso pueda parecer, lo que le sucede a la madre de tu hij@ va a ser peor. Y no será una novela. No podrás dejarla en la mesilla de noche cuando te canses de tenerla en tus manos. Ni podrás empezar otra novela mientras estés ocupado con ésa. Vas a estar leyendo nueve meses la metamorfosis de tu mujer. Es muy importante que estés advertido, lo digo porque al principio del embarazo uno no es del todo consciente de lo que sucede. A nosotros, los padres, no nos pasa nada. No nos crece nada dentro. No nos cambia el físico aparentemente. Y digo aparentemente porque conforme pasen los meses tal vez notes un pequeño cambio. Tus testículos tenderán a subir al cuello. Pero ya llegaremos a eso. Paso a paso, como decían los New Kids on the Block. Sí, lo sé, ya tengo una edad.

Tardarás unos días en darte cuenta de que tu pareja está embarazada. Y tardarás unos días porque eres/somos tonto/tontos, dicho sea desde el respeto. Cuando ya has resuelto el conflicto de comunicar o no comunicar la noticia al mundo te apetece celebrarlo, abrir una botella de vino, irte a cenar, salir de marcha. Pues no, no puedes. No debes. Tu chica está embarazada. Se acabó para ella el alcohol, las comidas y cenas copiosas, las salidas de marcha con excesos. Y tú, como buen compañero y como persona que la ha puesto en esa situación usando su ariete del amor, tienes que acompañarla en su peregrinación por el desierto de la virtud. Piensa en este momento cómo dejar de fumar. Es más fácil dejar de fumar si la persona que está a tu lado no fuma. Es lo mismo, será más fácil para ella si tú no te dedicas a emborracharte para celebrar que estáis esperando un bebé. Bien, ésta es la teoría. Lo que yo hice en realidad no debería contarlo porque es muy probable que mi chica lea este libro. (Cariño, te prometo que fui a comprar pasteles y té para tu madre y la mía, tal y como te dije).

Esta sensación de desequilibrio en la pareja durará unos días. Hasta que tú te percates de que, efectivamente, ella está embarazada. Su cuerpo ya ha empezado la metamorfosis y el tuyo sigue siendo el mismo. Ya se encargará ella de que te des cuenta de que no vais al mismo ritmo. No te preocupes.

En las primeras semanas de la gestación empezarán los grandes momentos de soñar. Es de las cosas más bonitas que me han pasado nunca y a la vez de las que más ansiedad me han provocado. En tu cabeza se empiezan a generar imágenes. ¿Cómo será mi bebé? ¿Será niño? ¿Niña? ¿Le gustará el fútbol? ¿Verá *Gran hermano* como una salida profesional? Son cosas que se te pasan por la cabeza. Son esas dulces incertidumbres que te ponen un poco nervioso, que te llevan a crear una imagen mental de lo que tendrás en tus manos dentro de nueve meses y que te hará tan feliz. En nuestro caso no estábamos nada decantados por el sexo del bebé. Nos daba igual si era niño o niña. Sé que todo el mundo dice lo mismo. «Que venga con salud, que es lo más importante». Es un tópico, pero es realmente cierto, aunque también os digo que yo he conocido padres que nada más ver el predictor se han ido a una tienda a comprar una camiseta del equipo de fútbol de turno, talla bebé. No fue nuestro caso. Lo mejor, creo yo, es no esperar sexo. Quiero decir sexo del bebé. Y del otro tampoco, ahora que caigo.

Como digo, yo no tenía ninguna preferencia respecto al sexo de lo que venía. Sólo tenía clara una cosa. Si era chico se llamaría Martín. Martín era el segundo nombre de mi padre. Me acordé mucho de él cuando supe que yo iba a ser padre. Me acuerdo mucho de él cada día. Me acuerdo de él cuando veo a mi hijo. No me importaba si lo que empezaba a crecer dentro de mi pareja era un pequeño hombre o una pequeña mujer. Yo sólo tenía una cosa en la cabeza. Quería ser para ese ser humano en camino tan importante como lo fue mi padre para mí. Ahora me tocaba a mí. Era mi turno de ser padre. Me conformaré, qué digo me conformaré, me sentiré plenamente satisfecho si mi hijo me quiere la mitad, qué digo la mitad, un tercio de lo que yo quise a mi padre. En fin, supongo que para cada uno ser padre significa una cosa. Y habrá gente que lo desee más que otra. Pero todos, los que lo estén deseando con ansia, los que se lo hayan encontrado de sopetón o los que estén todavía asimilándolo, todos, todos experimentarán emociones muy similares. Ya veréis. Esto es como esa frase que nuestros padres/madres nos decían cuando hacíamos alguna trastada y nos castigaban. «Cuando seas padre ya verás». Fastidia reconocerlo pero qué razón tenían. Bueno, vamos a otro tema, que me estoy poniendo demasiado moñas y me temo que si sigo así entrará en el libro Jorge Javier y me dirá eso de... «Hay una cosa que te quiero decir».

¿Por dónde íbamos? Ah sí. Ya estamos en las primeras semanas del embarazo. Prepárate para recopilar información como un animal. En esos días te podrías cambiar el nombre por Wikipedia. O Bebépedia. O Wikipedia-tría. Todo el mundo te va a recomendar libros sobre bebés, sobre cómo ser padres, cómo criar a tu bebé, cómo hacer que tu bebé duerma bien, cómo hacer que tu bebé sea trapecista de mayor. Es alucinante la cantidad de oferta literaria que hay para este menester. Hay tantos libros de *Cómo hacer que tu bebé «no sé qué»* que si te los lees todos yo creo que te lo convalidan con alguna carrera universitaria o algo. Por supuesto, por mucha pereza que te dé a ti, sabes que ella va a querer comprar alguno. Y tú... ¿qué tienes que hacer? A ver, que te oiga yo decirlo en voz alta. Eso es. Muy bien. Ceder. Tu casa empezará a estar repleta de revistas, libros con portadas en las que ves a bebés sonrientes. Cómo cambian las cosas, ¿eh? Tranquilo, te acostumbrarás. Aprenderás palabras que nunca habías oído. Desde ecografía hasta... vaya se me ha olvidado. Bueno, es normal, es demasiada información. Y eso que todavía no han pasado esos tres primeros meses en los que el embarazo ya está 100 por cien confirmado.

Yo nunca me leí ni uno solo de esos libros. Yo no quería saber. Es que además me daban miedo. Una vez me dio por ojear una revista de bebés y me aterrorizó. Las revistas de bebés tienen más publicidad que *Los 40 principales*. Están llenas de productos que cuando estás esperando un hijo te causan pavor. ¿En serio me tengo que comprar todo esto? ¿Necesito de verdad una silla *pro conection super style* de 400 euros? ¿El niño necesitará un cambiador de pañales de última generación? No quería saber nada de eso, mejor dicho, yo no me los quería leer. Saber, me los acabé sabiendo de memoria. En esos momentos tu pareja no sólo es tu pareja, también es una especie de profesora de instituto. Tú entras en casa, saludas y oyes desde el fondo del domicilio un grito que dice: «Hola cariño, ¿sabías que en la quinta semana el bebé ya tiene estómago y páncreas?». Y tú, que vienes con hambre contestas: «Vaya, no lo sabía». Y ella: «¿Comemos cielo?». Y tú que te imaginas todo lo que pasa dentro de la tripa de tu pareja muy gráficamente le espetas un: «Mira, a mí me pasa al revés que al bebé, yo tenía, pero ahora ya no tengo estómago». Afortunadamente, estáis en los primeros momentos del embarazo y este tipo de comentarios todavía no son peligrosos. Disfrútalo mientras dure porque ella va a cambiar, ella va a mutar, tu chica en poco tiempo dejará de ser una mujer, se convertirá en un gremlin. Pero esto se merece un apartado en sí mismo. Coge aire, relájate. Eso es. Empieza la novela de terror.

¡Qué bonitos son los primeros besos con alguien que te gusta! ¡Qué bonito es decir y oír «te quiero» por primera vez cuando estás empezando una relación! ¡Qué bonito es cuando te cogen de la mano y sientes que todo lo que estaba torcido en tu vida vuelve a tener sentido! Qué bonito es hasta que tu novia se convierte en un ¡¡¡¡¡¡greeeeeeemlin!!!!!! Hay quien ve esa película como un clásico de aventuras de los años ochenta, pero yo creo que el que la escribió estaba esperando un hijo y su mujer estaba en esa fase. Lo malo de cuando se transforman en gremlins es que no te das ni cuenta. Todo va fluyendo. Van pasando los días, los meses, empieza a cambiar físicamente, engorda un poco, le duele un poco la espalda... son incomodidades que empiezan a hacer mella en su carácter. Pero no es nada escandaloso. Es sutil. Casi imperceptible. Que si qué cochecito le compramos al bebé. Que si qué tipo de cuna es más adecuada. Todo normal. Todo pacífico. Y de repente, zasca, alguien ha dado de comer a la bestia después de las doce de la noche y empieza la batalla.

Estás en el salón de tu casa gritando como si no hubiera un mañana y tu pareja está gritando aún más alto que tú. Imaginad el programa ese de Telecinco que es de un juicio en el que todos gritan; pues ese programa, aunque fueran todos drogados hasta arriba, no tendría nada que ver con los gritos que se están viviendo en tu salón. «Porque tú...». «¿Yo? Pero si yo hago todo lo que tú...». Así, de esta guisa. Media horita. Y cuando llevas un rato, le miras la cara y piensas dos cosas. En primer lugar: ¿por qué estamos discutiendo? Cuando llegue este momento ya verás cómo pasa tal y como te lo estoy contando. Y no sabrás por qué sucede. Pero no se te ocurra preguntarlo. La respuesta llevaría a otra media hora más de gritos y empezaría con un: «¿Cómo que no lo sabes? ¿Es que no me escuchas cuando te hablo?». Y en segundo lugar piensas: «¿Quién es este gremlin y dónde demonios está la madre de mi hijo?». Esto te pasará varias veces. Creo que es el momento de un...

Blanconsejo

Cuando ella no es ella, es un bicho verde que gruñe y tira platos y destroza pueblos como haría un gremlin malo sólo hay una solución. Aguanta. No hay salida. Para empezar no sabes cómo has entrado, y es muy difícil encontrar la salida de un lugar que no tiene una entrada. Con el tiempo desarrollarás la habilidad para predecir cuándo va a aparecer el gremlin. Lo notarás en su cara, en algún deje en su tono de voz. Ese momento es crucial. Si contestas será porque le contestas. Si no le contestas, será porque no le contestas. Será, lo quieras o no. Piensa que va a pasar sí o sí, así que aguanta. Pero no aguantes de mala gana. Tu proceso de pensamiento debe ser el siguiente. El gremlin se está desahogando. La mujer que tienes delante es una bomba de hormonas que está sufriendo un cambio muy radical en su cuerpo y eso le afecta a todos los niveles. No te grita a ti. Le grita a la naturaleza del ser humano. Si tienes esto presente será mucho más llevadero. Recuerda que la quieres y que esta etapa pasará.

Porcentualmente, al ver aparecer al gremlin he contestado más veces de las que me he quedado callado. Piensa que el resultado será el mismo. Pero eso ya me lo dirás tú. Cuando me veas por la calle, me paras y me lo dices. ¿Cómo venciste tú al gremlin malo?

El embarazo sigue su curso, un curso acelerado. Todo empieza a pasar muy deprisa. Habrá momentos en los que tu chica esté como ida. No te asustes. Si no te has asustado con el gremlin, que no te asuste que te pregunte la hora seis veces en 10 minutos. No sé por qué pero pierden un poco de memoria. Es que claro, esto está ya casi para salir del horno y eso estresa un poco. Es como los globos que se inflan en los cumpleaños. Las dos primeras sopladas casi no se notan, pero a la tercera el globo está a punto de explotar. Estás a punto, pero antes...

3

Que viene, que viene…

Ella es un zepelín. Tú eres un manojo de nervios. La criatura está a punto de llegar y no tienes nada. Todo el mundo te empieza a decir todo lo que necesitas. «¿Ya tienes una cremita para el culito de ph especial y un yodo especial bebés para el ombliguito? Y me imagino que ya habréis comprado la protección para las primeras erupciones en la piel…».

¡No! No tengo nada de eso. Tranquilo, lo sé, es muy estresante. Hay un momento en que parece que te tengas que comprar el Corte Inglés entero. Parece que vas a llegar allí y vas a decir: «Mire, es que voy a ser padre dentro de poco» y el dependiente te responderá: «Ok, aquí tienes las llaves, el sitio es tuyo». Creedme, al final no es para tanto. Es más, os aseguro que en la práctica no utilizaréis ni la mitad de las cosas que habréis comprado. También os digo que es mejor comprarlas todas por si acaso. No es plan de que pase algo y no tener la cremita de yodo. Ya os digo yo que, así en plan urgencia, en el Opencor no la venden.

El bichejo está a punto de salir de la madriguera y hay muchas cosas que hacer. Vamos por partes. Lo voy a explicar en pasos muy sencillos para quitarte cualquier tipo de agobios.

Los regalos

Todo el mundo os preguntará «¿qué queréis que os regale para el bebé?». Los familiares más cercanos, sobre todo, querrán hacer un regalo significativo. Algo que sea importante, un recuerdo para el futuro del niño. Por ejemplo. «Mi madre quiere comprarnos la cuna...». «Ostras, mi hermana también...». ¿Qué hacer en estos casos? Yo, tras mi experiencia, creo que lo mejor es hacer una lista de nacimiento. Yo no lo sabía pero existen. Igual que hay tiendas que hacen listas de boda, las hay que hacen listas de bebé, así cada uno va a comprar lo que está disponible y por lo menos tú no te enteras de las discusiones posibles. Llegado el caso, que se maten entre ell@s.

Conversaciones preparto

Cuando estáis embarazados, todo el mundo sabe más que tú, todos opinan, y lo que es peor, siempre hay quien te cuenta una experiencia cercana, como las batallitas de la mili de antaño, pero con fetos. Evita esas conversaciones. Haz lo posible por huir. Te las encontrarás de dos tipos:

a. Los que te cuentan dramas y tragedias en general. Por favor, desde aquí me gustaría lanzar un mensaje educado pero contundente a estas personas que te hablan de eso cuando estás a punto de parir. Lo digo desde el cariño pero DE NINGÚN MODO, NO HACE FALTA, NO ES NECESARIO, NADIE TE LO HA PEDIDO, VETE POR DONDE HAS VENIDO, MULTIPLÍCATE POR CERO, AIRE, NEGATIVO. No. Gracias. Y que conste que no quiero ser desagradable, pero es que hay veces que te encuentras con gente que te cuenta unas cosas que te sacan de tus casillas. ¿De qué os sirven a ti o a tu pareja las historias de abortos, pérdidas de sangre, escapadas a urgencias, partos prematuros complicados, niños en la UCI y otras variantes? La información está muy bien si es útil y va a servir para que nos sintamos mejor, pero esos relatos macabros no los contaría ni Pedro Piqueras. No aportan nada, sólo añaden preocupación y angustia.

b. Hay otra variante de conversación incómoda no tan molesta como la anterior, pero que puede extenderse en el tiempo y reproducirse antes y después del nacimiento de vuestro bebé. Estoy hablando de los padres «sabelotodo». Los que ya han sido padres y que basan toda la charla en un «ya verás» constante. Son un poco chapas. Sé que lo hacen desde el cariño y con buena intención, pero esto es como Google. Uno abre Google y busca lo que quiere saber, Google no se abre solo, ¿no? Pues ya está, si quiero saber algo, lo preguntaré. Ten una cosa clara. Tú todavía no has sido padre. Todavía no tienes por qué hablar todo el rato de la paternidad. Ni de niños. Todavía hay vida ahí fuera, la otra vida todavía está dentro. Es absurdo que te agobies por algo que aún no ha sucedido. Cuando venga ya vendrá.

Las ecografías

Sé que este asunto lo podría haber tratado antes ya que ecografías vas a ver muchas desde el comienzo del embarazo, pero he preferido contártelo aquí para que lo tengas claro y no quede disperso con todo el estrés de los nueve meses de gestación. Las ecografías son fundamentales para el futuro padre y yo recomiendo no perderse ninguna, ni una sola. Si hay que faltar al curro se falta. Te va a compensar. Ése será tu primer contacto con la criatura que dentro de quince años te pedirá cincuenta euros. Las mujeres establecen una relación con el bebé durante el embarazo. Lo llevan y lo sienten dentro. No es lo mismo ver a Bisbal dar patadas en el aire, que sentir una patada de Bisbal. Por eso debes ir a las ecografías. Es una de las pocas maneras que tiene el padre de ver, de sentir cerca al que será su hij@. Ahí os empezaréis a conocer. En serio, son un espectáculo total. De hecho, hoy en día ya se pueden ver en 3D y 4D. Y hasta le puedes sacar parecidos al bebé, si es que miras la pantalla. Alucinante, me río yo de *Avatar*.

Una cosa más. Hay una ecografía que es especialmente importante y a la que debes ir con una actitud muy positiva. Se trata de la fotito de la semana 20. Cuando hayáis ganado el primer asalto, el de los tres primeros meses de riesgo, os enfrentaréis a la temida semana 20. Ahí se pueden detectar algunos problemas si es que los hay y esto hace que sea un rato muy tenso para la pareja. Ya sabes lo que tienes que hacer, estar tranquilo y dar tranquilidad, lo de coger de la mano a tu chica y respirar hondo funciona. Lo más seguro es que no pase nada, y además, si no os lo han dicho en ecografías anteriores, ese día os dirán el sexo de vuestro bebé. Esa foto es de las más importantes de tu vida. Es como si fuera la foto esa que dicen que hay del Rey con... Bueno, vamos a otro tema que me lío.

Clases de preparación al parto

Yo no me he perdido ni una. En ellas aprenderás un montón de cosas muy útiles que luego se te olvidarán a la hora de la verdad. Cuando estés con ella empujando dudo mucho que os acordéis de respirar así o asá, aunque tengo amigos que supieron poner en práctica todas esas técnicas. Lo más probable es que tu chica respire como pueda y tú también. Eso sí, hay que ir a clase. Y hay que acompañar a la madre. No mola nada que la madre haga estas cosas sola. Hay que estar a las duras, a las maduras y a las clases preparto, aunque algunas de ellas puedan ser un aburrimiento. Otras en cambio me resultaron muy divertidas. La que más recuerdo fue una en la que nos enseñaron a cambiar pañales. La imagen de 12 tíos cambiando pañales a unos muñecos no se me olvidará nunca. Todos nos mirábamos como pensando «al final he pasado de romper las muñecas de mi hermana a jugar con ellas». Otras clases preparto son extremadamente relajantes. Estás tan tranquilo, notando la espalda de tu chica, respirando hondo, con música muy suave. Todo es paz y tranquilidad. Ojo los que durmáis poco por vuestro trabajo, como es mi caso. Una vez me quedé dormido en una. Ronqué y todo. Me encantaría poder contaros más, pero es que tengo un poco de prisa. Mi hijo está a punto de nacer...

4

¡Me parto!

Muchas veces en los últimos meses del embarazo pensaba en lo que haría si yo fuera la mujer, si yo estuviera embarazada, si dentro de mí hubiera una cosa, de unos 3 kilos más o menos, que me diera patadas y me oprimiera los intestinos hasta el punto de convertirme en una máquina de gases.

¿Qué haría yo en ese caso? Creedme: mis llantos y mis quejas se escucharían en la MIR. Me imagino a dos astronautas rusos en la estación espacial y uno le dice al otro. «¿Oyes eso?». Y el otro responde: «Sí, no te preocupes, es Francisca Blanco que está embarazada». Eso haría yo sólo por estar embarazada. Pero amigos, hay algo peor que estar embarazada, o por lo menos a mí me lo parece, y es dejar de estarlo. Dejar de estar embarazada supone sacar al bebé de ahí.

Imagina tener que sacar una sandía por donde sólo cabe un pomelo. Meter a Falete en la taquilla de un gimnasio. Que Pau Gasol entrara por la puerta pequeña del Imaginarium. Meter todo el ego de Cristiano Ronaldo en un campo de fútbol. No caben. Son cosas que no caben. Pues bien, ha llegado el momento de que tu chica haga magia. Tu chica es un antidisturbios y tiene que sacar a un okupa del apartamento en el que lleva metido nueve meses por la fuerza. Imagina que eso lo tuvieras que hacer tú. Lo sé, la MIR se queda corta. Me imagino a dos aliens en Plutón, y uno le dice al otro: «¿Has oído eso?» y el otro responde: «Sí, tranqui, es Francisca Blanco que está pariendo».

Si hay un momento importante para un padre primerizo es éste. Es ahora cuando tienes que ser lo más atento, lo más cariñoso, lo más sensato, lo más diplomático, lo más de lo más, que se te pueda ocurrir. Tu pareja necesita tu ayuda y la forma de ayudarla es siendo sencillamente perfecto. Ni demasiado pasota, ni demasiado nervioso. Ni demasiado pesado, ni demasiado frío. Todo tiene que estar perfecto. Prepárate porque viene una de las experiencias más intensas de toda tu vida. Os lo juro. Vais a flipar. Primero vais a estar más tensos que Rajoy entrando en el despacho de Merkel. Y cuando el parto termine estaréis más relajados que Rajoy cuando sale del despacho de Merkel con 100.000 millones.

Tranquilos, todo irá bien. Vuestro hijo va a hacer un viaje increíble y vosotros también. A vuestro hijo todavía no le puedo decir nada. A vosotros os voy a hacer de guía de viaje. Próxima y primera parada: contracciones.

Los padres primerizos no tenemos claro cuándo empieza el parto. Has oído hablar de las contracciones en las clases de preparación. Sabes que existen, sabes que es como un retortijón que tiene tu chica... bueno, un retortijón en plan me he comido 3 kilos de fabada y voy a petar; y sabes poco más. En teoría el niño viene cuando las contracciones comienzan a ser regulares. Vamos, que tienen que ser cada cierto tiempo y muy constantes. Pero claro, somos primerizos, lo que hace que cada vez que tu chica tiene una contracción a ti sólo te falte inventar una máquina de teletransporte para trasladarte al hospital lo más rápidamente posible.

Lo más probable es que tengas alguna falsa alarma. En mi caso fueron dos. Dos veces que ella tuvo una tanda de contracciones regulares y nos plantamos en el hospital pensando que había llegado la hora. Y de eso nada, había llegado la hora, sí, pero la de echar gasolina porque de tantos viajes al hospital me había quedado en reserva. Hubo un momento en que tenía tanta tensión y tantas ganas de que saliera ya el muchacho que le propuse a mi chica que nos quedáramos a vivir en el vestíbulo del hospital, para ganar tiempo.

Ella me miró con mucho cariño, me acarició la cara y me dijo con muchísima dulzura: «¿Tú eres gilipollas?». La respuesta a esa pregunta la irás descubriendo en este libro, si es que no lo has hecho ya.

Nos volvimos a casa no sin antes escuchar las palabras de un médico que se me quedaron grabadas y que os transmito ahora a vosotros porque son claves. Si las recordáis puede que os ahorréis alguna falsa alarma. El médico, con voz grave y poniéndome una mano en el hombro, como un Maestro Yoda sacado de la serie *Hospital Central*, dijo: «Amigo, cuando tu mujer esté de parto, créeme, lo sabrás, lo notarás de verdad».

Perdonad que escriba una mala palabra aquí pero, joder si se nota. Cuando ella tenga las contracciones de verdad no podrás hablar. Ni ella ni tú. De hecho, se oirá un grito tan grande y gutural que se preocuparán hasta los dos tíos de la MIR y los dos aliens de Plutón. Se trata de una montaña rusa de gritos primitivos y salvajes. Hay momentos de cierta calma como cuando el coche de la montaña rusa está subiendo lentamente. Y de repente viene el rugido. Tres minutos rugiendo y tres en un silencio tenso que da más miedo que una niña en triciclo en un pasillo largo. Así contado es una cosa, incluso puedes pensar que sólo son gritos, pero cuando los oigas, lo sabrás. Ahora sí. Esto sí son contracciones de verdad. Ha llegado el momento. Vas a ver la carita de tu hij@.

Antes hay que preparar la mochila del hospital. Yo no sé qué tienen las mochilas que ponen a la gente tan nerviosa, mira Pocholo cuando perdió la suya. Preparad la mochila con calma. No se necesitan tantas cosas: camisones para la madre, ropita para cuando nazca el bebé (body, gorrito y guantes), cremitas, toallitas y poca cosa más. Os lo digo por experiencia; en una de las falsas alarmas metí tantas cosas en la mochila que en lugar de ir a parir parecía que estábamos de mudanza. Ahora sí, coge aire que la próxima parada es: el hospital.

Antes de hablaros del trayecto de camino al hospital tengo que daros un consejo que he esbozado más arriba y que ahora creo oportuno explicaros con calma.

Aquí va otro...

Blanconsejo

Mi consejo podría parecer inmoral, poco ético, pero ha llegado la hora de mentir, queridos padres primerizos. Mentir a tu pareja. Mentirte a ti mismo. Por muy nervioso que estés, tú tienes que decir que estás bien, que estás tranquilo, que lo tienes todo controlado. Todo lo que sea para que ella no se preocupe de nada. Y todo esto a pesar de que le llevas cierta ventaja a tu chica. Sí, porque ella se va a cagar, pero tú ya lo has hecho.

Es el momento de recoger sus cosas con tranquilidad y mantener la calma. Pase lo que pase, tú eres como el Dalái Lama. A veces, depende de las circunstancias, te costará más mantenerla, pero tendrás que hacerlo. Ni el tráfico, ni los semáforos, ni sus gritos..., nada debe hacerte perder los nervios o, por lo menos, nada puede hacer que se te note. Para que os hagáis una idea, cuando mi hijo se decidió a salir cogimos el coche y nada más entrar en la carretera había un atasco monumental. Parecía que estaban evacuando la ciudad por un ataque nuclear o algo parecido. Y nosotros allí parados, con ella gritando como si los Il Divo se hubieran pasado al heavy metal. Y yo ¿qué hice? Mientras por mi cabeza pululaba esta frase: «Mi hijo va a nacer en la autopista, y de nombre le vamos a poner MOPU o A-6», lo que yo le decía a ella todo el rato era: «Cariño, no te preocupes, llegamos de sobra, además, son tres horas desde que empiezan las contracciones hasta que el niño viene». Por supuesto eso último me lo inventé. La mentira está justificada y es muy beneficiosa en dos ámbitos de la vida de un ser humano. Uno es el que os cuento y el otro es en la prensa del corazón.

Ya has llegado al hospital. Lo primero que debes saber es que os van a separar. Os van a dejar solos. Cada uno se irá por un lado. No te asustes, es lo normal. Tú irás a hacer los papeleos pertinentes y a ella se la llevarán con los médicos. Ellos se encargarán de ver si la criatura viene ya, la examinarán para ver cómo viene y lo prepararán todo para el parto. Hay algo que no debes hacer en esos minutos en que te encontrarás solo. ¡No llames a nadie! Yo cometí ese error. Yo llamé a todo Dios. ¡A todo Dios! Me faltó llamar a mis profesores del instituto. Mal, muy mal. No lo hagas, estarás deseando llamar, pero ¡no lo hagas! Mantén la calma. Si llamas a todo el mundo es muy probable que desde ese momento tu teléfono eche humo y eso no será bueno, porque en breve te harán pasar dentro con ella y no te va a venir bien que mientras dura el proceso de preparación tu móvil esté sonando todo el rato. La fórmula matemática sería ésta: móvil sonando + nervios + mujer dilatando = caos y destrucción. Y no queremos eso, queremos un ambiente tranquilo. Tu cabeza y la de ella tienen que estar como si en lugar de encontraros en un hospital estuvierais en un SPA. Así que SPA-bila y apaga el móvil. (*Este chiste del «SPA-bila» se lo dedico a mis fans de chistes malos a los que he castigado durante años en la radio*). Ya lo encenderás cuando se calme todo un poco. Y se calmará en seguida. Se calma gracias a un conjuro mágico de un Harry Potter anestesista que dice: «espeliarmus epidural».

La epidural es magia. Lo deja todo más tranquilo. No es una anestesia total, no la deja dormida, pero calma sus dolores, de manera que ya puedes hablar con ella de una manera más relajada. El estrés no ha terminado pero hay un pequeño oasis durante el cual debes aprovechar para cogerla de la mano y hablar de otras cosas. Soñar juntos, disfrutar del momento. Estáis a punto de conocer a vuestro pequeñ@ que ya viene en camino. Ahora sí, llama a quien quieras que sepa que ya ha llegado el momento.

El tiempo que estés ahí depende de muchos factores médicos y de cada persona. Hay gente que está en espera una hora, o media hora, o seis horas. Una vez más, mantén la calma. Saca temas de conversación para que ella esté tranquila. Hay que hablar calmado mientras la otra persona no lo está. Eso me vino muy bien como entrenamiento para el Debate de *Gran hermano* en el que participé más adelante.

Y de repente entró la ginecóloga en la sala e imitó a Rafa Nadal cuando mete un punto decisivo.

¡Vamos! ¡Vamos! Vale, a lo mejor estoy exagerando un poco, pero juro que dijo «vamos», a lo mejor no lo dijo como Nadal. Pero lo importante es lo que eso significa. Vamos es vamos, que viene, que ya asoma, o sea, que vuelve otra vez la montaña rusa de nervios y emociones fuertes. Un parto es como un tío bipolar. Pasas del «Ahhhhhh» al «ohhhhh», incluso al «eeeeeehhh» en cero coma, y varias veces. Sería como un bipolar de las vocales.

El nuevo estrés tiene varios pasos fundamentales. Una vez más se llevan a tu chica a otra sala y os vuelven a separar. A los dos os preparan para lo que viene. A ella la preparan en la sala de partos, a ti en el Zara de los padres de hospital, donde te cambiarán completamente el *look*. Pasarás de ser un tío normal a ser un tío normal con peúcos, gorro y una bata verde. Cuando las chicas ven esas series de médicos en las que los médicos están súper buenos y son súper sexys nosotros no entendemos por qué se emocionan tanto ni por qué insisten en lo guapos que deben ser esos tíos. Pues bien, cuando eres padre primerizo y te ponen una bata, unos peúcos, un gorro y una mascarilla lo entiendes. Hay que estar muy bueno para parecer sexy con ese atuendo.

Una vez que ya estás vestido de padre de Hulk, todo verde, te pasan a la sala de partos. Y allí estás tú, que pareces uno de los científicos que le hacían las pruebas a ET cuando se pone malo, y entonces te preguntan: «¿Delante o detrás?». Y piensas: «Fue por delante, el polvo en el que se quedó embarazada fue por delante». No se refieren a eso, se refieren a la posición desde la que quieres ver el parto. Piénsalo bien porque luego no hay vuelta atrás.

Pros y contras de cada posición

Delante

Pros: verás salir a tu hijo. Y si te dejan grabarlo en vídeo se trata de un recuerdo increíble.

Contras: lo que vas a ver puede que te cambie la percepción que tienes del tesorito de tu chica. No te digo más.

Detrás

Pros: podrás cogerle la mano a tu pareja mientras está pariendo. Verás a tu chica y a tu bebé mirarse por primera vez.

Contras: no tiene. Para mí no tiene contras. Yo recomiendo ponerse detrás.

Venga, vamos, ya está aquí. La mano de tu chica te aprieta con tanta fuerza que cuando te suelte en lugar de una mano parecerá que tienes una sepia. No te importa. La ves sufrir, la ves llorar, tú aguantas. Debes tranquilizarla, debes transmitirle que todo va a salir bien, que el sueño de ser padres se va a hacer realidad. Ya viene, tu bebé ya viene. La sensación es increíble. El médico le dice a tu chica que empuje, ella dice que no puede, tú dices que sí que puede, que aguante un poco más, la matrona se sube encima de la barriga de tu pareja para ayudar al bebé a salir, tú piensas si eso es normal o si tienes que darle una paliza a la matrona por hacer lucha libre con tu amada en un momento como éste, te das cuenta de que es normal. Ella empuja, tú respiras, ella empuja, tú respiras. Oyes que ya ven la cabeza, que sólo falta un empujón más, que ya queda poco, un empujón más. Empujas tú sin querer, con la mente, con el alma, con lo que sea, un empujón más. Se hace el silencio. Y lo ves, lo ves delante de ti. Y no es como en las películas, no llora nada más nacer, tarda unos segundos y te preocupas, pero te dicen que es normal. Y de repente llora. Oyes su llanto por primera vez, te hace más ilusión que el gol de Iniesta «de mi vida» en el Mundial. Está cubierto de líquidos, sangre y cosas no muy agradables, pero eso te da igual. En ese momento lo ponen encima del pecho de la madre. Y la madre lo mira, y tú miras a la madre y al bebé. Y entonces, en ese instante, todas las horas que llevas aguantando, toda la tensión acumulada, todos los esfuerzos que has hecho para fingir que estabas tranquilo, todo eso, todo eso sale. No te preocupes. Déjalo salir. ¡Sácalo, sácalo! Y si hay que llorar se llora. Llora, como yo lloré. Es el momento de perder los papeles, de dejar salir las emociones. Y estarás así unos días, te lo aseguro. En mi caso, yo parecía la chica. Ella me miraba llorar y se reía. Siempre me ha gustado hacer reír a mi pareja, y una vez más lo conseguí, aunque fuera al verme hecho unos zorros llorando. Pero daba igual. Ya estaba aquí. Día 5 de febrero de 2011, una fecha que no se olvida. Mi hijo Martín ya estaba aquí. La que se acababa de convertir en mi máxima prioridad en la vida estaba delante de mi enorme nariz. No recuerdo lo que dije ni lo que pensé. Sólo sé que desde ese momento ya era padre. Como tú lo serás. Y créeme, es lo más bonito que vas a vivir en tu vida. Te espera un año muy difícil como padre, pero para eso estamos aquí juntos, comunicándonos a través de este libro: para que lo lleves un poco mejor a través de mi experiencia.

Puf, sólo acordarme del parto y se me ponen los pelos de punta. Ah, y recuerdo una cosa más. Cuando pasó el gran momentazo miré mi móvil silenciado. Tenía cien mil llamadas perdidas. Eso me pasó por haberme precipitado contándoselo a tanta gente, cosa que ya os he dicho que no debéis hacer cuando llegue el momento. Dejé el teléfono en la mesilla y volví a ver la cara de mi hijo. Justo entonces vibró el móvil y lo cogí pensando que sería alguien de la familia, una persona querida. Era perfecto. Ya tenía portavoz, alguien que diría a todo el mundo que ya éramos padres. Contesté al teléfono:

—¿Sí? Ya está aquí. Martín ya está aquí. Ha ido todo bien.

—Ehhhh, mire, verá, soy Jessica, le llamo de MoviStar. Era para saber si estaba interesado en una oferta.

5

La leche que te han dado

Lo que nos distingue a los mamíferos del resto de los animales y de los políticos es nuestra costumbre instintiva de alimentarnos de las mamas de nuestras mamás. Y sí, he dicho de los políticos porque ellos no maman, ellos chupan del bote y eso no es de mamíferos decentes. Un mamífero decente se amorra a una teta y luego se busca la vida sin fastidiar a nadie. El capítulo que estás leyendo te va a librar de muchos problemas y preocupaciones puesto que yo, en mi faceta de profeta y maestro de sabiduría, te voy a enseñar todo lo que sé sobre el mundo de la lactancia. Y no lo hago porque en alguna época de mi vida tuve un poco de sobrepeso y tenía más tetas que mi chica, lo hago porque me llevé muchos sustos y no quiero que tú te los lleves. Hay cosas que hubiera debido saber y que nadie me contó, ni siquiera mis amigos sabelotodo; creo que te serán útiles y por eso voy a explicártelas. Es más, si lees con atención y retienes algo de información es posible que llegado el momento quedes como un señor. Como un tío sensible e informado que sabe por lo que está pasando su pareja. Y eso siempre es bueno.

La lactancia es un fenómeno muy bonito que nos hace recordar a los seres humanos que, a pesar de todos nuestros inventos y revoluciones tecnológicas, seguimos siendo unos animales salvajes que hacen cosas de animales salvajes. Esto lo olvidamos muchas veces, y por eso en ocasiones nos asustamos de las reacciones de nuestro cuerpo. Y eso es lo que me pasó a mí con la lactancia de mi chica. Yo no sabía nada. Nada de nada. A ver, sabía que los niños maman y que del pecho sale leche materna y también sabía que... no, ya está, sólo sabía eso, pero no es suficiente. Te lo voy a explicar muy esquematizado para que lo puedas memorizar y luego quedar como un rey.

 Primera información sobre la lactancia. Tu mujer acaba de parir. El bebé acaba de llegar. Es todo muy emocionante. Y entonces se presenta el primer escollo: alimentar a la criatura. Tú, evidentemente, no puedes y resulta que la madre tampoco. Dicho así preocupa, ¿verdad? Que mi hijo va a estar sin comer nada más nacer. Tan mal padre soy que no puedo mantenerlo ni cinco minutos. Primer error. El bebé no tiene que comer necesariamente, pero sí tiene que mamar. La madre lo amamantará, pero no será leche lo que el bebé ingiera. Se trata de un líquido llamado el CALOSTRO. Suena a jerga gitana pero no lo es. Se trata de un mejunje que sale de la madre y que está lleno de defensas y vitaminas. La mujer le pasa al niño defensas para que éste se ponga una armadura, por así decirlo, para luchar contra el mundo exterior. Contado así parece de *El señor de los anillos*, pero es básicamente eso.

Conclusión. Tu bebé no tomará leche en dos días pero le están metiendo un chute de vitaminas que ni un ciclista sospechoso de dopaje de esos del Tour. Y todo legal ¿eh?, avalado por la federación de la naturaleza.

Segunda información sobre la lactancia. El bebé no necesita que nadie le enseñe a succionar. Es muy bonito ver cómo él solo, al acercarlo al pecho, busca con la boquita. Es uno de esos instintos que no nos ha enseñado nadie. Lo llevamos dentro. Vemos un pecho y allá que vamos. Con los años tendrás que enseñarle a tu bebé que eso no puede ser siempre así, y que es mejor en la intimidad.

Tercera información sobre la lactancia. El niño tiene que comer cada vez que llora. Por lo menos es así durante los primeros meses. Y en ningún caso puedes dejar que pasen más de cuatro horas sin que se pegue un buen festín por cortesía de su madre.

 Cuarta información sobre la lactancia. Existe un fenómeno que se denomina «la subida de la leche». Conviene que no hagas chistes al respecto del tipo «la subida de la mala leche» o «vaya tela, tienes más pechugas que una carnicería». No, mal, no se hacen chistes. ¿Por qué? Pues porque básicamente la subida de la leche consiste en que los senos de tu pareja se llenan de leche y eso le produce una molestia seria, que puede convertirse en dolor en los pechos. No es nada agradable. Para que lo entiendas: es el equivalente a la expresión masculina de enfado «no me hinches las pelotas». Pues a ella se le hincha otra cosa. No molestes y sé comprensivo.

 Última información sobre la lactancia. La duración de la lactancia dependerá de la madre y del bebé, y se extenderá mientras ambos puedan o quieran. En el caso de que la madre desee extender la lactancia, a pesar de que ya no le sea posible encargarse ella porque tenga que volver al trabajo, se requerirá de la ayuda de unos extractores de leche. Y en ese caso tú estarás encargado de congelar la leche materna. Sí, rollo Walt Disney. Ella utilizará un aparato un poco bizarro que le extraerá la leche a un bote, es como si tu chica se ordeñara a sí misma; al principio choca, pero llegas a acostumbrarte. Luego ese bote se congela y ya se lo puedes dar al niño en un biberón.

Puede que algunas de las cosas que has leído te suenen un poco a coña, pero no te olvides de que la lactancia es uno de los fenómenos más curiosos y elaborados que existen en la naturaleza. Y eso hace que tu pareja sea muy especial. Sin ella, tu hij@ no podría vivir. Si tienes todo esto claro, lo dicho, quedarás de la leche. Perdón, es que me venía a huevo.

6

Ojito a esto

¡Enhorabuena papá! Tu retoño ya está aquí. ¡Qué mal lo has pasado, ¿verdad?! ¡Qué nervios! ¡Qué tensión! Ahora entiendes por qué la madre naturaleza escogió a la mujer para dar a luz, porque si hubiera sido al revés, si la perpetuidad de la especie hubiera sido responsabilidad del hombre hubiéramos durado menos que un programa cultural en Telecinco. ¿Y ahora qué? Pues ahora viene lo bueno. Ahora toca ser padre de verdad. Nada de cosas que lees, nada de cosas que te dicen, ahora viene la realidad. Ser padre primerizo es como una anécdota graciosa con unos amigos en una cena de borrachera. No es lo mismo visto que contado. Por esa razón, antes de empezar a detallar cómo será el próximo año de tu vida hay ciertos detalles que me gustaría aclarar. Así entre tú y yo. Entre hombres. Entre padre cagao y padre cagao.

En primer lugar, yo no soy médico. Nunca he estudiado medicina, ni nada que se le parezca. Es probable que como tú de niño jugara a médicos con alguna niña del cole, pero eso no me da conocimientos de medicina. Eso sería como decir que Kiko Rivera es músico porque a veces hace de DJ. Es más, seguramente, si lo de jugar a médicos de niño valiera como la carrera de medicina, Kiko Rivera sería el doctor House. Ése no es mi caso.

Digo esto porque es importante que entiendas que lo que has leído hasta ahora, y lo que te voy a relatar a continuación sobre el primer año de vida de tu bebé, no está basado en conocimientos pediátricos, ni en libros de medicina, ni en libros de cómo criar a tu bebé, ni nada por el estilo. Sí, habrá cosas que a mí me han pasado que a ti te pasarán también porque les pasan a todos los bebés, y habrá cosas que, a lo mejor, no tengan mucho que ver con tu situación personal. Como diría Salinas, con esto qué te quiero decir, pues que leas lo que sigue como un diario, como la historia de un amigo que te cuenta su movida para ver si te puede ayudar con la tuya. Y nada más. Lo que he escrito aquí es un relato de mi vivencia como padre primerizo, y he intentado ordenarlo cronológicamente, pero puede no ajustarse a la experiencia que estás a punto de vivir con tu futuro bebé.

A mi hijo le pasaron una serie de cosas en su primer mes que seguramente al tuyo también le pasarán, pero puede darse el caso de que a tu bebé todo le pase un poco después o un poco antes. Vamos, que no os toméis esto al pie de la letra con respecto a los tiempos. Lo suyo sería que os leyerais el libro del tirón y con ello tuvierais una idea general de cómo va a ser el primer año. Luego no quiero líos de padres parándome por la calle amenazándome con una querella criminal, diciendo que si yo había dicho que los bebés empiezan a decir cosas en el mes seis y su hijo tiene ocho meses y no ha dicho ni pío. Para que os hagáis una idea, yo empecé a hablar a los 3 años, en serio, y cuando mi madre consultó con la doctora Ruiz, mi pediatra, le dijo que no se preocupase, que no hablaba porque no tenía nada que decir. Al parecer me lo estaba guardando todo para las mañanas de Cadena Dial. En definitiva, que los hijos son como los culos, cada uno tiene el suyo, y cada uno es diferente.

¿Todos conformes? Sí. ¡Qué maravilla! Sois un público increíble. Y así, como público que sois, os doy la bienvenida a uno de los espectáculos más brutales de la humanidad, algo sorprendente, más sorprendente incluso que ver a un político honesto, que ver a un banquero pagar lo que debe, que ver a Borja Thyssen currando en un McDonalds. Señores y señores... ¡Aquí empieza el primer año de vida de vuestro hij@!

7

¡El primer mes-tresa!

Ya es una realidad. Eres padre. Hay un insulto en la sociedad que ya está dedicado a ti. Me cago en tu padre. Sé que es un cambio difícil de digerir pero he querido empezar fuerte porque creo que las cosas cuanto antes se sepan mejor. Así que prepárate porque voy a ser implacable, voy a ser cruel, voy a ser un animal. Te voy a decir las cosas de una manera salvaje. A mi lado Risto Mejide va a parecer Teresa Rabal. Y aquí viene la primera verdad absoluta del primer mes. No tienes ni idea de ser padre, ni idea, ni la más remota idea. Y es conveniente que lo asumas ya. Julio Iglesias que ha tenido 345 hijos sigue sin tener ni idea de ser padre, cómo lo vas a saber tú que acabas de tener a tu primer hijo. De esto te vas a dar cuenta nada más salir del hospital. Tras un par de días de tu pareja en reposo en la cama del hospital llega el momento de irse a casa. Y aquí cambia la canción del turrón. Ahora pasa a ser la canción del anuncio del marrón. Y dice así: «Vuelve, a casa vuelve, vuelve al hogar, monta la sillita para poder viajar».

Eres el encargado de montar la silla para tu bebé en la parte de atrás del coche. Hay gente inteligente, como tú, que seguro que recurrirá a la ayuda de un amigo, un cuñado, un mendigo que pase por el parking del hospital. También hay gente torpe e imbécil como yo que se creerá tan valiente y habilidosa como para decir: «No te preocupes, eso lo monto yo en 10 minutos». En 10 minutos ya había roto la silla cinco veces. Cinco veces. La silla portabebés en el coche está hecha por los mismos ingenieros japoneses que diseñaron los *transformers*. Yo, que me había montado cientos de muebles de Ikea, yo, que fui capaz de cambiar de la tele analógica a la TDT (lo sé, se hacía solo). Yo, que soy conocido en mis círculos íntimos como el McGyver de Mollet. Yo, yo no supe montar la silla. Tardé una hora y media en montar la silla del demonio, perdón, de mi hijo. Y mientras, mi chica esperando en el vestíbulo del hospital y mirándome con cara de: «Mira, Martín, ese de ahí que está llorando y gritándole a una silla es tu padre». Esto nos lleva al primer blanconsejo del primer mes.

Blanconsejo

Pide ayuda para montar la dichosa silla y, por extensión, pide ayuda siempre que quieras. Uno no es mejor padre por hacer las cosas solo. No pasa nada porque otras personas que ya han pasado por eso te echen un cable. Eso no te hace ni más ni menos válido. Si te haces el chulo en plan Cristiano Ronaldo, rollo «yo solo puedo» la cosa te puede salir mal. Por cierto, ya me hubiera gustado a mí ver a Cristiano Ronaldo montando la silla del coche para su bebé. Bueno, seguro que el bebé de Cristiano al nacer ya tenía su propio coche.

Una vez resuelto el asunto silla te vas a marchar a tu casa, tu nidito, tu hogar, tu madriguera, tu templo, tu, tú... olvídate de esa palabra. «Tú» ya no existe. «Tú» sólo forma parte del estribillo de una canción de Pablo Alborán. De hecho si la canción la hiciera para un padre primerizo en el primer mes de vida de su criatura el estribillo sería «y tú no, tú no, tú no, solamente ella y el bebé».

Querido amigo, vas a pasar a un segundo plano en tu familia. Vas a ser como la hermana de Jesulín de

Ubrique. Sí, estás, existes, pero a nadie le importa. Es como si cambiara el belén, navideño, no Esteban (que nadie se confunda por las referencias anteriores). En el belén, tú creías ser San José, padre orgulloso de la criatura, ¿verdad? Pues no, una vez que nace pasas a ser un pastorcillo que está al final del todo, al lado del río hecho con papel de plata. Hasta el caganer tiene más peso que tú.

Es conveniente que lo interiorices cuanto antes. Lo más importante es el bebé y los cuidados del bebé, y en sus cuidados tú no tienes casi ningún peso. La madre, instintivamente, va a querer hacerlo todo. El niñ@ depende de la madre, en principio por razones obvias, a no ser que seas el primer caso de padre al que le sale leche de los pezones. Si es así, llama cuanto antes a la radio, tienes una entrevista muchacho. Olvídate de elegir su ropa. Olvídate de tomar alguna decisión en plan, tiene hambre, tiene sueño, deberíamos bañarlo. Eso no lo vas a poder decidir tú, sólo lo harás cuando tu chica decida que puedes decidir, y afina en ese momento porque si no aciertas tardará en darte otra oportunidad.

Esto no quiere decir que te desentiendas de todo y te tumbes a la bartola, ni mucho menos. Tienes que estar ahí para ayudar, aunque NO IMPORTAS, y no pasa nada. Estás en el banquillo, eres el Albiol de tu casa, y tu chica es Mourinho, asúmelo. Tienes que buscarte tareas en las que puedas ayudar. Cosas que hagan que formes parte de la vida del bebé en este primer mes de su vida. Esto es como una serie de televisión, si tú no buscas la cámara vas a tener menos protagonismo que un extra de *Mad Men*.

Cosas en las que puedes y debes ayudar

Lo de cambiar los pañales, pídetelo. Me imagino que sabes que eso supone que lo que más vas a ver de tu recién nacido es su mierda, pero es la mierda de tu hij@ y por lo tanto es la mejor mierda del mundo. Tú serás el encargado de limpiarle el culo. Y debes hacerlo bien. Hacerlo con cariño. Más que nada porque si la vida sigue su curso en unos sesenta y pico años será tu hijo el que lo haga por ti.

Otra tarea que puedes realizar para sentirte cerca del bebé es hacer las curas del ombligo. Al cortar el cordón umbilical se le hace al bebé una herida que hay que desinfectar, cuidar y mantener en el mejor estado posible. Esta tarea te la puedes pedir tú. Y es importante, eh, no te creas. Hay que ser cuidadosos, si lo haces mal tu pequeñ@ será uno de esos humanos con un ombligo digno de un mutante. Lo mejor de todo es que si lo haces bien, y con todo el amor del mundo, cuando acaben las curas verás su ombliguito y pensarás, como pensó Picasso al acabar el *Guernica*: «¡Toma ya! ¡Me ha quedado de PM!».

Ésas son algunas de las cosas que puede hacer el padre durante el primer mes. Hay más, pero son sobre todo de apoyo moral a la madre. Y es que en este primer mes se producirán una serie de pequeños dramas que viviréis juntos y que os unirán mucho si formáis equipo.

El primero de estos dramas son los primeros baños del bebé. Parece fácil bañar a un crío, ¿no? Pues es más fácil torear un vitorino. El toro al menos es más predecible. Todo el mundo tiene los primeros baños de la criatura muy idealizados. La culpa la tienen los anuncios de la tele, en los que aparece la madre recién salida de la ducha con el bebé en brazos, que parece que se han duchado juntos; y madre e hijo se extienden a la vez el aceite súper hidratante. Todo son sonrisas y miradas cómplices. Y un huevo, con perdón.

La cosa va así. Un bicho de unos tres kilos, con el cuello tuerto y que no para de llorar. Tú no sabes cómo cogerlo. «¡Cuidado con la cabecita!», te dicen. «¡Cuidado con la temperatura del agua! ¡¿Has mirado el ph del agua?!». «¡Cuidado con la cantidad de jabón que echas!». «¡¿Ese patito de goma está desinfectado?!». Y al final piensas: «Esto no es un baño, es un episodio de CSI. Que venga Grissom y adopte al niño de una vez».

Poco a poco le iréis cogiendo el tranquillo. Al principio todo se hace con mucho miedo pero en unos 10 baños el bebé estará en el agua haciendo natación sincronizada. Así empezó Gemma Mengual y mira dónde ha llegado.

El segundo pequeño drama del primer mes es la mega exposición a las opiniones de todo el mundo. Tener un hijo es como entrar en un *reality*. Tú eres concursante y hay mil tertulias en las que todo el mundo va a opinar sobre todo lo que haces. Repito, sobre todo lo que haces. Y sobre todo lo que pasa en tu nueva vida de padre.

Vamos a trasladar esto a un plató de televisión. Tu madre es Ana Rosa, tu tía y su tía son Carmen Alcayde y Cristina Tárrega. El conde Lequio es tu cuñao, el conde Lequio siempre es tu cuñao. Todo el mundo lo sabe todo. Todo el mundo sabe por qué llora el bebé, todo el mundo sabe lo que le pasa al bebé en cada momento. Todo el mundo sabe cómo hacer dormir al bebé. Todo el mundo es la Bebépedia. En mi casa yo he llegado a escuchar cosas como... «Ese niño llora porque está soñando con el útero». ¿Soñando con el útero? ¿En serio? El niño tiene quince días y ya está obsesionado con el sexo. Es el momento de otro...

Blanconsejo

Es un consejo muy breve pero te evitará muchos dolores de cabeza. Hay gente que comparte información y hay gente que vende esa información como la verdad absoluta. El problema es que esas informaciones muchas veces son contradictorias. Uno dice que hagas esto y otro dice que hagas lo contrario. Solución. Si tu familiar o amigo no es ni médico, ni supernanny, tú ni caso. Y si quieres escuchar los consejos de alguien, elige un patrón. Me explico. Escucha los consejos de una persona sólo. La que más confianza te merezca, la que te transmita más paz, lo que quieras, pero hazle caso sólo a esa persona, si no acabaréis mareados los dos: tú y el bebé.

Vamos con el tercer pequeño drama del primer mes. Vas a descansar menos que la entrepierna de Paris Hilton. Dormir es un verbo que desaparece de tu diccionario vital. Dormir es un lujo que podrás disfrutar de vez en cuando. Muy de vez en cuando. Mi caso es extremo, ya que por mi programa de radio madrugo mucho; pero para que te hagas una idea: el primer mes de vida de mi hijo Martín yo no tenía ojeras, yo tenía dos estores lilas debajo de los ojos. Es bueno que seas consciente desde el principio de este pequeño detalle, más que nada para que aprovechéis y durmáis ahora que el niño todavía no ha nacido. Así que en cuanto acabes este capítulo, a dormir un rato. Todavía quedan algunos comentarios sobre este primer mes, pero que nadie se asuste, son cosas buenas. El primer mes también tiene sus alegrías. El primer mes tiene sus primeras veces.

Vivirás la primera vez que tu hij@ te cogerá un dedo. Con sus diminutas manitas te cogerá un dedo y activará un punto que los expertos acupuntores orientales han denominado el punto de la saliva. En cuanto te coja el dedo se te va a caer la baba como en tu vida. Si ves que el niño al coger el dedo empieza a pulsar en el pulgar es que será adicto a los videojuegos. Aviso.

También oirás por primera vez cómo suena la voz de tu pequeñ@. Serán ligeros gorgoritos, pequeños ruidos que harán que tú sufras una mutación extraña. Pasarás de ser un adulto con su cabeza bien amueblada y su inteligencia singular a un ser que balbucea e imita a un ser humano de tres kilos. Así que vamos ensayando... Todos conmigo... Ay, cuchi, cuchi... a gu gu, a ta, a gu gu ta ta.

Y esto es sólo el primer mes. Imagina la de cosas que te quedan. La de veces que vas a hacer el imbécil por tu hijo. Normalmente hacemos el imbécil por cosas que no merecen la pena. Por tu bebé, merecerá la pena siempre.

8

La cuarentena principales

Más o menos al acabar el primer mes, o a principios del segundo terminará una cosa que te habrá acompañado desde que la criatura vio la luz. ¿Dormir poco? ¿Oír llantos? No, de eso te quedan muchos meses. Aun así, para no desanimarte te diré que aquí termina algo que te habrá dado un poco de «ansiedad». ¿El qué? Sigue leyendo. Ay que ver qué impacientes son algunos.

El número 40 ha sido sin duda muy importante en mi vida; 40 veces he dejado de fumar, y hasta la última no lo conseguí. A las 4.40 suena mi despertador normalmente; 40 éxitos componen la lista musical de la radio en la que he pasado tantos y tantos años. Pero hasta que no fui padre primerizo no aprendí el verdadero valor de ese número. No es una cifra muy abultada, pero tampoco suena baladí. Alguien llega tarde 40 minutos y está mal, pero no es una barbaridad. Alguien cumple 40 años y todavía no se le considera demasiado mayor. Pero, de repente, cuando nace tu primer hijo, descubres lo largos que se pueden hacer 40 días. Porque empieza la *cuarentena*, es decir, 40 días y 40 noches en las que el cuerpo de tu mujer es intocable por prescripción médica. Incluso en el supuesto de que ella tuviera ganas, cosa que dudo mucho tras haber parido, incluso si ella tuviera un arrebato de pasión absoluta y desaforada, tu misión es decir: «Cariño, no podemos, estás de cuarentena».

¿Qué es esta historia de la cuarentena? Probablemente habrás oído esta palabra en dos sitios, y en los dos con el mismo *mal rollo*. Uno es en una película en la que una ciudad ha sido invadida por un virus llegado del espacio, un virus extraterrestre que se expande de manera agresiva y veloz. En ese caso se cierran los límites del término municipal, se aísla a la población 40 días y acto seguido el ejército deja caer sobre ellos una bomba nuclear para acabar con el peligro. El segundo lugar donde puedes haber oído el término es en una película en la que pasa lo mismo, pero en vez de ser un virus extraterrestre se trata de zombis. El resto es igual. Aislados 40 días y luego todos al carajo.

Tengo una buena noticia. En el caso de tu particular cuarentena no habrá virus extraterrestre, ni zombis, ni bombas atómicas. Por lo menos en principio. Lo que sí pasará es que el cuerpo de tu mujer y el tuyo tendrán que estar aislados. Separados el uno del otro durante unos 40 días. Esto no es un capricho del médico, que resulta ser una persona sádica que desea que no copuléis porque pertenece a una secta; lo que sucede es que tu chica está curándose de una herida bastante considerable. Es más, si en el parto, tal y como te contaba antes, elegiste ponerte delante sabrás de qué herida hablo. Todo tiene que volver a su sitio en el cuerpo de la mujer tras pasar por un parto. Tanto por dentro como por fuera. Tras el nacimiento del bebé esa zona de tu mujer es como una mezcla de una pesadilla de Picasso y el resultado de un puzzle hecho por Michael J. Fox. Está todo fuera de sitio, y tarda en colocarse en su lugar debidamente 40 días. Es la cuarentena principales, y tú vas a vivir la subida más fuerte, pero no se le debe tocar ni un pelo. Ni un pelo, he dicho. Manos quietas.

Es probable que, en este momento, algunos de vosotros estéis llorando y llenando de lágrimas las páginas de este libro por la noticia que acabáis de conocer, pero os voy a decir algo que os aliviará el dolor. Es muy fácil sobrevivir a este amargo trago del destino. Pensadlo de esta manera. ¿A qué edad perdisteis la virginidad? Yo la perdí a los 18. O sea que si pude estar 18 años, 6.570 días, sin acostarme con nadie soy perfectamente capaz de aguantar 40 días. Y no creo que ninguno de vosotros perdiera la virginidad a los 30 días de nacer y ése sea el máximo de tiempo que ha estado sin mojar. Así que se puede. Y no sólo se puede, es más, se quiere. Lo más seguro es que dado el estrés que tendrás cuando nazca el bebé y los difíciles días que te esperan en el primer mes y medio de vida de la criatura, tengas menos ganas de sexo que Alfonso al ver a la duquesa en la noche de bodas.

Tu prioridad en este momento de tu vida no es echar polvos, es echar siestas. Sólo querrás dormir. Y cuando consigas ponerte un rato en horizontal con tu pareja antes de que te entren ganas estarás ya roncando. Por eso digo que no te preocupes por la cuarentena, que vivirla no es tan horrible como parece. Mi amiga María Lama lleva más de un año sin mojar y no ha perdido la sonrisa. No es para este periodo de castidad para lo que te tienes que preparar, tienes que prepararte para ser el protagonista de un festival del humor constante.

En todos los grupos de amigos se sabe que hay gente que tiene más vida sexual que otra. Tengo amigos que sólo paran de empujar para comer un poco (de alimento, se entiende) y acto seguido siguen empujando. Luego tengo otros amigos que mojan menos que un gremlin bien educado. Y éstas son cosas que se saben o se deducen. Es lo normal. Tu caso, en estos momentos de los que hablamos, será diferente. Nunca en tu vida encontrarás una situación en la que tu sexualidad, o la ausencia de ella, estarán tan en boca de todos. Todo el mundo sabe que estás en cuarentena y todo el mundo tendrá un chiste preparado para ti. Aquí os dejo una selección de los que yo me encontré:

— Tu pito se mueve menos que un taquillero de cine.

— Dicen que tu mujer está tan fría que con un pedo te congela la cena para el día siguiente.

—Tienes tan poca vida sexual que dentro de poco tus testículos tendrán un DNI propio.

Pues prepárate porque de éstos te quedan mil. Paciencia. Mucha paciencia. Y piensa que algún día ellos también estarán de cuarentena. Ve recopilando chistes para ellos.

Cuando acaben los 40 días y vuelvas a hacerlo será como si perdieras la virginidad de nuevo. Para ella desde luego, y para ti, casi. Es un momento muy importante para el futuro de la pareja. Esto no es coña, lo digo en serio. Tu vida amorosa y de dormitorio de los próximos años de tu existencia depende de ese momento. Cuando ella termina la cuarentena es muy fácil que tenga miedos, dolores e inseguridades que le impidan disfrutar del acto como lo disfrutaba antes.

Ha llegado la hora de que te conviertas en el amante más tierno, suave y cariñoso del mundo. Ella lo agradecerá porque de esta manera la ayudarás a perder miedos y ganar confianza. Yo me enteré de esto a los tres meses de que hubiera pasado la cuarentena. Me dijo mi pareja: «Menos mal que fuiste dulce aquel día porque si no creo que no te hubiera dejado que me tocaras un pelo nunca más».

Hufff, menos mal. No podría soportar más chistes de mal gusto como los de antes.

9

Ni un «segundo» de respiro

Muy bien. Vas muy bien. Si llegas hasta el segundo mes y tu chica y tú todavía estáis juntos, si todavía no has gritado a una cajera de un supermercado ni has tenido un altercado con un policía por un atasco, si todavía no te has dormido de pie en el trabajo, vas muy bien. Si alguna de estas cosas u otras peores han sucedido, no pasa nada. Te quedan muchos meses para arreglarlo. Ser padre te puede poner al límite y a veces los nervios te juegan malas pasadas. Yo en el segundo mes de vida de mi hijo tuve un grave conflicto verbal con un surtidor de gasolina, una máquina expendedora de café y una paloma que debía ser la Carmen Machi de las palomas porque vaya tordo me echó en el hombro.

Ya son dos meses de dormir poco y de sentirse algo perdido; pero irá cambiando paulatinamente. Confía en mí. Y no sólo eso sino que además vas a ir encontrándote con esos pequeños gestos del bebé que siguen evolucionando y que te harán muy feliz. Vamos a detallar algunas cosas que a mí me pasaron en el segundo mes. Insisto de nuevo en que lo que cuento es mi experiencia. Lo que a mí me pasó en este segundo mes, a ti te puede pasar antes o después.

El segundo mes de vida de Martín yo decidí dar un paso al frente a la hora de tener un poco más de protagonismo. Estaba algo harto de sólo cambiar pañales y mirar cómo pasaba casi todo cerca de mí, pero nunca conmigo. Así que me armé de valor y le dije a mi chica, «quiero estar a solas con el niño un buen rato, sin que estés tú para hacer nada. Quiero sentirme padre yo solo». Y mi chica me miró, se rio una media hora y a los dos días me hizo caso.

Es crucial que los padres primerizos sepamos que somos por definición unos torpes y unos valientes ineptos. Me explico. Mi plan era estar a solas con el niño, por lo tanto tenía que salir de casa, al menos ésa me pareció la manera más lógica. Y pensé: «Me llevo al niño a comprar el pan». Y no contento con eso añadí en mi cerebro una complicación más. «No me lo quiero llevar en el carrito, me lo voy a llevar con el portabebés». Toma ya. Tal vez todavía no sepas lo que es el portabebés, pero como buen padre primerizo tendrás que saber qué es y cómo usarlo. Yo te lo cuento.

El portabebés es el infierno hecho con arneses. Si Satanás tuviera que inventar un artilugio para desmoralizar a los hombres que pueblan la tierra de tal manera que acabaran cayendo todos en las redes del pecado, inventaría un portabebés. Se trata de una bolsa que en teoría debe colgar por la parte de delante del padre/madre y con la presión y altura adecuada será ocupada por la criatura. Parece fácil, ¿verdad? Pues no lo es. ¿Recordáis cuando os conté hace unas páginas lo horrible que había sido mi experiencia con la sillita del coche?, pues eso era una visita al parque de atracciones en comparación. El portabebés lo diseñaron los mismos que diseñaron el acelerador de partículas. Hasta el puñetero Einstein hubiera pasado un mal rato calibrando esa mierda... perdón, es que de recordarlo me pongo malo.

Mi intención de ir a por el pan a solas con el niño llevándolo en el portabebés empezó un domingo y se culminó tres domingos más tarde. Al final me llevé al niño en el cochecito. Puede que yo sea especialmente torpe, pero ya me contarás qué tal tu experiencia. ¿Y por qué, de repente, tuve estas ganas de pasar un rato a solas con mi pequeño? Verás, entre el segundo y el tercer mes el muchach@ empezará a hacer esas cosas que harán que te pases el día con cara de imbécil, hablando como un imbécil, siendo un imbécil. Yo lo he bautizado como la época *imbebécil*. Y claro, quieres estar presente en su vida en todo momento para no perderte ni uno solo de esos gestos.

Hace unas semanas que el niño ya emite pequeños gorgoritos y ruiditos con la boca, que tú por supuesto imitas para vergüenza de conocidos y extraños con los que te cruces, y vean a un señor hablando como el jefe de una tribu africana.

La primera conversación entre Martín y yo fue ésta. Os la transcribo tal y como fue. Estábamos en un tren lleno de gente. Me lo puse en las rodillas y el niño dijo:

«Gu ta buahf», mientras estiraba las piernas.

«A po, a pu, a tu tatatatata», contesté yo mientras un señor africano miraba desde el asiento del otro lado del pasillo con cara de que había insultado al niño en su idioma.

Fue un momento muy bonito para mí. Para mí y para el embajador de Nigeria que viajaba en el tren con nosotros. Pues, aleluya, porque ahora a los gorgoritos se les unirán dos cosas que harán que este segundo mes sea muy especial. La sonrisa, y las manos que cogen cosas, incluido tu dedo. ¿Parece una chorrada, eh? Pues no lo es en absoluto. Es un alegrón. Yo cambio una Eurocopa de España por la primera vez que vi sonreír a mi hijo. Pensad que en este segundo mes todo sigue igual, cacas, pocas horas de sueño, vómitos después de comer, llantos, incertidumbres del tipo «qué le pasa al niño». En medio de todo este cúmulo de inconvenientes, el crío te regala una sonrisa mientras te coge el dedito y, desde ese momento, todo te da igual. Ya puedes estar con un pañal lleno de caca en una mano, que si en la otra está la de tu hijo cogiéndote el dedo te parece todo estupendo.

Lo malo que tiene el tema de la sonrisa del bebé es que te obsesionas todo el rato por conseguir una. Y eso no es bueno. Es lo mismo que les pasa a los guionistas de las series de José Luis Moreno, te quieren meter un chiste cada tres palabras y eso al final cansa. Con el bebé es lo mismo. Lo que le haga sonreír hoy no tiene por qué hacerlo mañana. De entrada el bebé no sabe por qué sonríe. Todavía no es consciente de qué cosas le hacen gracia. No esperes que el niño te mire un día y te diga: «Yo es que soy más de las imitaciones de Carlos Latre que del humor surrealista de Faemino y Cansado». No, él todavía no lo tiene claro.

Lo que sí puedes hacer para llamar su atención es un truco que aprendí sin querer y que luego, informándome en libros, he descubierto que tiene cierta base científica. Si quieres llamar la atención de tu bebé a estas alturas de su vida tienes que hacer inflexiones en la voz, cambiar los tonos. Pasar de los agudos a los graves. Tienes que ser una mezcla de Macaco y Plácido Domingo. Me refiero a hablar, eh, no a cantar, esa mezcla haría explotar el cerebro de cualquiera.

Una vez más te aconsejo que este tipo de cosas las hagas en privado o con gente de mucha confianza si no quieres parecer un tarado con las cuerdas vocales en mal estado.

Como habrás observado, he dedicado mucho tiempo a hablar de cómo compaginar las relaciones sociales y el bebé porque este segundo mes es muy importante en este sentido. Tan importante que vamos a terminar este capítulo con un flamante...

 Blanconsejo

Llevas unos sesenta días de padre y eso quiere decir que tu vida lleva sesenta días girando única y exclusivamente en torno al bebé y sus cuidados. No sé si te acuerdas, pero antes de ser padre tú eras un ser humano. Un ser humano con amigos. ¿Amigos? ¿Qué es eso? Pues ahora mismo un amigo es ese señor que está enfrente de ti con cara de aburrimiento. Y tiene esa cara porque a la pregunta: «¿Quedamos para cenar el sábado?» le estás contestando que el sábado no puedes porque el niño tiene cólicos y llevas tres días recogiendo pañales radioactivos con caca amarilla que rebosa por la pierna de la criatura. Y así, media hora.

Entenderás por qué tu pobre amigo está paralizado con el tercio en la mano mientras la cerveza se le está quedando caliente. Aquí va el blanconsejo. Ya está bien. Tus amigos, a estas alturas, ya están cansados de escucharte hablar sólo del bebé. Es normal que no tengas otros temas de conversación porque, efectivamente, el niño tendrá cólicos, te vomitará varias veces al día, y eso será lo más relevante en tu vida, pero la manera de no perder a tus amigos y el buen rollo que tenías con ellos antes de que llegara el bebé es la siguiente. Él pregunta. Tú le das un titular. «Bien, el niño un poco pachucho de la barriga pero bien», si quieres añade un par de frases más como mucho, y cierra el tema del bebé, no queremos monopolizar la conversación. Y en ese momento viene la pregunta crucial, la que te permitirá conservar a tus amigos y no hacerles sentir que estáis en planetas distintos, la pregunta con la que te ganarás su respeto y admiración. La pregunta que a veces aquel otro amigo padre olvidó hacerte a ti.

Miras a tu colega a los ojos y le dices:

—Y tú, ¿qué tal?

...Y le dejas hablar.

Así de fácil. Tenemos un bebé, pero no somos el centro del universo. Que no se nos olvide.

10

Al tercero voy vencido

No hay dos sin tres. Como decía aquella canción que nos hizo ganar la Eurocopa. No fueron los jugadores no, fue la canción. Efectivamente no hay dos sin tres, después del segundo mes viene el tercero, pero en el caso de ser padre yo añadiría un «no hay dos sin tres y sin vómitos». Sí, queridos amigos padres, ha llegado el momento de hablar de esa especie de líquido pegajoso que seguramente ya os habrá impregnado la pituitaria en estos tres meses de paternidad. Vamos a hablar de los vómitos porque, atención redoble, es posible que las pequeñas «potadas» de vuestro bebé se acaben aquí... Bravo, todos en pie para una ovación esplendorosa. No más oler a pota.

De las muchas cosas que caracterizan los primeros meses de vida de una criatura, una de las más desagradables son las regurgitaciones. Son brutales. Yo creo que cuando José Mota fue padre por primera vez se cambió el nombre a José Pota. Y yo, sin ir más lejos, me cambié el apellido a Blanco cuando tuve a mi primer hijo porque ése era el color de toda mi ropa por culpa de las «vomitonas» que mi criatura me lanzaba sobre las camisetas, pantalones y zapatos.

En principio no te tienes que preocupar porque tu hij@ vomite. Es lo normal, suele pasar en bebés y modelos. Yo hablo de bebés. Modelos nunca he tenido ninguna. Resulta que el niñ@ tiene el estómago muy pequeño pero a pesar de ello no acaba de detectar cuándo ese pequeño estómago está lleno. Vamos, que no sabe parar. Que es un animal, que es como poner a David Hasselhoff en una cata de vinos y decirle que beba a sorbitos. Es una tontería. Se lo va a beber todo y de un trago. Pues ése es tu pequeñ@. Tu pequeñ@ es el David Hasselhoff de la leche. Él/ella traga y traga sin parar hasta que llega un momento que se le sale. Y aviso a navegantes, se le sale a discreción. A estas alturas ya sabrás que después de sus tomas, hay que darle unas palmaditas para que eche los gases. Pues ahí viene la locura. Hay algunos casos de seres humanos de tres meses que han echado tal pota que los padres han llamado a un exorcista por si tenían el diablo dentro. A estos bebés en lugar de leche les das de comer pintura blanca y con dos potas te pintan una habitación.

Mi criatura era un caso menos extremo. Él echaba sus potitas normales. El problema era que yo casi nunca estaba preparado. Y ¿cómo se prepara uno? Con toallitas húmedas, millones y millones de toallitas. Toallitas para el hombro, toallitas para los pantalones, toallitas para limpiarle la boquita después de la pota, toallitas para limpiar el sofá, toallitas para cubrir un mueble entero si es necesario. Toallitas por todas partes. Hay que hacer acopio de toallitas como si fuera a llegar el fin del mundo y las toallitas fueran la única salvación posible. Las toallitas estarán tan presentes en tu vida que tu grupo favorito será Gasas Roses.

Yo tenía las toallitas. Tenía toneladas. Lo que sucedía era que siempre me las olvidaba. Nunca las llevaba encima y eso es un error garrafal que te cuento a ti, querido padre, para que no te ocurra lo mismo. Los vómitos no van a la toallita, es la toallita la que tiene que ir al vómito. Y otra cosa, el vómito no espera. El vómito no dice: «¿A que no llevas toallitas? Pues me espero a que vayas a buscarlas». No. Yo lo aprendí por las malas. Mi cuerpo a veces estaba tan impregnado en regurgitaciones que me paraban los de *Callejeros* para hacerme entrevistas. Así que, ya sabes, por la calle, por casa, allá donde vayas, siempre con un cargamento de toallitas. Por lo menos durante estos tres primeros meses.

En este tercer mes vas a encontrarte analizando cosas que has hecho durante los meses anteriores pero que es ahora cuando las empiezas a racionalizar un poco. En algunos casos te van a parecer un poco enfermizas. Una de ellas ha sido bautizada, por mí concretamente, como la *paranoia mortal*.

La paranoia mortal es una enfermedad del padre primerizo que es común a todos y cada uno de nosotros. Es como una especie de condición infalible. Un padre primerizo siempre tiene cara de susto cuando coge al bebé y siempre tiene la paranoia mortal. La forma de reconocer que sufres de esta pequeña disfunción mental es muy sencilla. Vamos a imaginar una situación normal en la que aparece para saber cómo vencerla.

Estás en el salón viendo la televisión. Son las cinco de la tarde. La casa está en calma. El niño está en absoluto silencio en su cunita al lado del sofá. No te puedes creer que haya esa calma en tu vida. Te parece irreal. En ese momento te entra la paranoia mortal y te levantas rápidamente para acercarte a la cunita y comprobar si el bebé respira. Y te vuelves a sentar. Y pasan cinco minutos. Vas al lavabo. Al volver del baño vuelves a mirar si respira. Y así te puedes tirar horas. Al final el que deja de respirar eres tú de la tensión que tienes. Estás más agobiado que David Guetta en un concierto de música clásica.

No puede ser. No te dejes llevar por la paranoia mortal. A todos nos ha pasado pero hay que luchar contra ella. No se puede vivir así. Deja de mirar si el niño respira. Date un respiro tú.

Otra cosa que no debe obsesionarte en exceso es lo que los médicos llaman «los percentiles». Pronto, sin darte cuenta, estarás hablando de ellos. Tienen nombre de medicamento, de supositorio o algo así, pero no tiene nada que ver con eso. Los percentiles son unas cifras que sirven para medir el desarrollo del pequeño bebé. Para que nos entendamos es una especie de media de su peso y altura que determina si nuestr@ hij@ está creciendo como debe o no.

Es fácil que también te obsesiones con este asunto. Se puede dar el caso de un padre que llega preocupado y le dice a un amigo: «Mi hijo está por debajo del percentil, no sé qué hacer». Pues nada, no tienes que hacer nada. No pasa nada. A no ser que el médico vea que se trata de algo muy significativo y extraño, tú sigue normal y tu bebé seguirá su ritmo de crecimiento. Y si te encuentras con un padre que es un chulo y va vacilando del percentil de su hijo y te suelta un: «Mi hijo está muy por encima del percentil. Mira qué guapo», tú le dices: «Sí que es guapo, sí. Oye... ¿respira? Ah, sí, perdona me había dado la sensación». ¡Toma! Que se fastidie por chulo, ahora le esperan un par de noches sin dormir con la paranoia mortal. Imaginad aquí una risa maléfica.

Una vez contadas y superadas las obsesiones que he destacado en el tercer mes pero que ya te llevan acompañando desde antes, vamos con un par de alegrías que sí son específicas de estos terceros treinta días de su vida.

El niño va a hablar. En muchos casos dirá «papá» o «mamá», o mejor dicho, a ti te parecerá oír eso. Tenlo claro, no sabe lo que está diciendo. No tiene ni idea. Está mezclando sonidos y algunos de ellos juntos suenan como si dijera mamá o papá, pero en realidad tiene menos idea de lo que sale por su boca que un colaborador de *Sálvame* hablando de economía. Aun así, es una súper alegría. Esa cosita tan pequeña que ya te suelta un papá. Vamos, eso te derrite, se te cae el alma a los pies y vuelve a subir oliendo a calcetín. Por lo menos así será si dice papá. No fue mi caso.

Martín, mi hijo, prefirió a su madre, y eso nunca se lo perdonaré. Es más, cuando cumpla 18 años y me pida la paga le daré la mitad por traidor. Resulta que sus primeros sonidos con algo de sentido se parecieron más a un «mamá» que a un «papá». A mí no se refirió hasta mucho más tarde, pero mucho más. Yo ya pensaba que no era el padre y que mi chica me había engañado con otro hombre. Es más, me llegué a imaginar que mi hijo ya le decía papá a ese otro hombre a mis espaldas para que yo no descubriera nada.

Para ahorrarte estos buenos momentos de envidias y desvaríos te diré que no hagas como yo. No hace falta que espíes los correos electrónicos y los SMS de tu hijo de tres meses para ver si tiene otro padre al que sí dice papá. Repite conmigo. No sabe lo que dice, son sólo sonidos que junta y que a nosotros nos parece que suenan igual que papá o mamá. Con esto te quiero decir que no te pongas celoso, ni pesado. No es necesario que estés todo el rato delante de la criatura en plan: «¡Di papá, di papá... pa-pá, así, pa-pá!». Éste sí fue mi caso. Si haces eso es posible que el niñ@ diga papá pero en la siguiente frase: «Papá déjame en paz».

Y por último, otra probable alegría que te dará este periodo en el que te encuentras. El niño empezará a tener fuerza en el cuello e irá levantando la cabecita. Esto, ojo, no quiere decir que ya sea como E.T. que levanta el cuello un metro. Este tipo de chorradas, al que no es padre le parecen una tontería, pero ver que tu hijo ya es capaz de levantar el tarro y mirar él solo para un lado es una satisfacción enorme. Así de cursis somos a veces los padres primerizos. Eso sí, no te vengas arriba. Lo digo porque hay una tendencia general a que una vez que vemos que ya tienen cierta fuerza en el cuello los «puteamos» un poco. Es como un juego divertido lo de ponerlos boca abajo y que tengan que hacer fuerza para mirar algo. Así no. Eso no se hace. La madre de Fernando Alonso lo hizo y mira el cuello que se le ha quedado al pobre.

II

Ponme «cuarto» y mitad

Por estas fechas ya habrás ido tanto al pediatra que te saludarán en la puerta. Será como una especie de versión infantil y medicinal de la serie *Cheers* (la americana, por Dios) en la que un personaje entraba y todo el bar decía a la vez «Normmmmm». Pues tú eres Norm y el bar ha sido sustituido por una clínica. Ah, lo siento, no haber sido padre. Ser padre supone cambiar bares por clínicas, noches sin dormir por juergas a noches sin dormir por llantos, cambiar de culo al que mirar por cambiar pañales y mirar si el culo está cagado. La culpa es tuya por ser padre. Asúmelo. Esto no sé si os lo estoy diciendo a vosotros o me lo estoy diciendo a mí mismo. Céntrate Frank, que pareces España en el Eurogrupo. ¿De qué iba a hablar yo? De pediatras. Eso era.

Por supuesto que a estas alturas, como decía, ya habrás visto a muchos pediatras o al mismo muchas veces si has tenido suerte. Sí, suerte, he usado la palabra suerte. Es bastante habitual que pases por varios pediatras antes de encontrar al tuyo, al pediatra que el universo ha puesto en este mundo para ti.

Yo tengo una idea muy romántica del pediatra y con esto no quiero decir que sea como una actriz de *Anatomía de Grey* que se enamora de un pediatra, pero casi. Encontrar el pediatra ideal es como encontrar al amor de tu vida. Hasta llegar a él te has tenido que acostar con mucha gente. Ahora hablo del amor, no del pediatra. Vas de flor en flor, de bata blanca en bata blanca hasta que das con la bata blanca que ilumina tu alma y la de tu bebé. Y cuando eso sucede es maravilloso, es increíble, es una explosión de placer absoluto. Una tranquilidad total. Es como si fueras por el desierto y de repente te encontraras un barril de birra y una piscina «Toy». Felicidad absoluta. Yo encontré a mi pediatra ideal en el cuarto mes de vida de Martín. Y sigue siendo el mismo desde ese día. Fíjate que me sabe mal que el niño crezca y lo pierda de vista. Yo creo que cuando el muchacho tenga 21 años le seguiré llevando a ese pediatra.

A continuación te voy a pasar un listado de los pediatras tipo que yo me encontré en mi búsqueda para que así puedas distinguirlos y no perder tiempo si te encuentras con alguno de ellos. Vamos allá.

El indiferente

Se trata de un doctor que ni mira al bebé. Entras en la sala y él está detrás de una mesa como si fuera el malo del *Inspector Gadget*. Sólo le falta acariciar un gato y tener la voz grave. Te hace preguntas sobre el niño. ¿Come bien? ¿Ha perdido peso? Y ahí se queda. Te dice lo primero que se le viene a la cabeza. Y te piras con una sensación de que le deberían cambiar el nombre por Inseguridad Social. Yo me encontré con uno al que le dijimos que el niño pesaba 4 kilos con 400 gramos y que tenía cólicos desde hacía tres días y su respuesta fue: «El Madrid lo que necesita es alguien en la banda izquierda». Vale, estoy exagerando, pero si no fue eso lo que nos dijo, lo pareció.

El multiopción

Ésta es una de las tipologías más complejas y a la vez de las más comunes. Son de esos médicos que no acabas de saber si tienen idea de lo que dicen o no. Y es que te dicen todo lo que puede ser. Tú le planteas un problema, por ejemplo, el niño tiene mocos duros y no se le van. Y él te dice: «Eso puede ser una congestión vegetativa, o bien una reacción alérgica o bien un síndrome de Frurtegi o bien un enfriamiento hiperbólico o bien una ingestión tusiva». Y tú con los ojos que pareces sacado de unos dibujos manga le contestas: «Ya, venga pues marcamos la tres o no, espera, quiero usar el comodín del público». Esto no mola, no mola nada. Sales de allí sin saber nada y encima preocupado por algo que seguro que no es nada.

El raro

Con todos los respetos al mundo religioso, pero yo me encontré un pediatra que antes de hacerle una revisión a mi niño me preguntó si rezaba por él. En fin, no tengo que decir mucho más, ¿no? No digo que sea malo rezar por nadie, pero se supone que ese señor ha estudiado la carrera de medicina, ¿o es que le ha hecho los exámenes Dios? A otro.

El House

Desafortunadamente esa gran serie debe estar basada en la realidad. Hay muchos médicos con muy mal humor. No los culpo, tienen un trabajo muy duro y lleno de dificultades y exigencias, pero los pacientes, y en este caso los padres de las criaturas, no tenemos la culpa. El *House* es un pediatra listillo que nada más le dices el nombre del niño ya sabe lo que le pasa. Así de fácil. Le dices que el chaval se llama Martín y él te espeta que Martín tiene una segregación irregular de los conductos albeopulmonares con tendencias vegetativas en las zonas nasales. Y después de treinta segundos de silencio tenso te dice, con mucho desdén y desprecio, que el niño tiene mocos. Sólo le falta decirte: «Llévate al mocoso este de mi vista».

Éstos son los tipejos y tipejas que yo me encontré antes de hallar a mi media naranja, a mi media pediatra. ¿Cómo lo hice? Pues probando mucho... El pobre niño vio más médicos pasar delante de sus narices que el recepcionista de un hospital, pero al final encontré el mío. Y si tú quieres encontrar el tuyo sigue mi...

Blanconsejo

Esto no es una ciencia exacta, al igual que no lo es el amor, pero hay algo que sin duda tienes que tener en cuenta a la hora de elegir al que será el médico que guíe tus pasos y tus decisiones como padre. Tu pediatra tiene que cumplir un requisito fundamental. Tiene que tomarte en serio, no tomarse tus dudas médicas a la ligera y, sobre todo, escucharte. Debes elegir a un médico que trate a tu hijo como si fuera único, aunque trate con mil bebés en un mes. Es de importancia capital que cuando le expongas tu problema, aunque sea una minucia para él, su reacción sea comparable a la importancia que tú le das. Resumiendo: tu hijo no es un bebé más. Tu hijo es lo más importante para ti y también lo debe ser para él. Yo tuve la suerte de encontrar uno así. Existen, están ahí fuera. Sé que parece un mito, una leyenda irreal, como los futbolistas humildes, los políticos honrados o las modelos que dicen comer todo lo que quieren y lo dicen de verdad. Es difícil de creer, pero existen. Búscalo y cuando lo encuentres verás qué gustazo.

Seguimos con temas relacionados con la medicina en este cuarto mes. Las agujas. Las temibles agujas. Menos a Hellraiser, los amantes de los *piercings* y los tatuajes, al resto de la humanidad no nos gustan las agujas. Pues imagínate si eres un chiquitín de cuatro meses. El pequeño ser que tienes por vástago lleva varias vacunas en estos 120 días de vida, pero en el cuarto mes, o por lo menos fue así en mi caso, va a empezar a reaccionar de una manera más comunicativa al respecto. Y eso te va a doler. Prepárate. Recuerdo una vacuna que le pusieron a Martín en su cuarto mes que casi me rompe el alma y, en consecuencia, casi le rompo yo la cara al practicante. No sé exactamente de qué era ni qué combatía esa maldita inyección. Ésa fue la primera vez que mi hijo me miró a los ojos y con su mirada me dijo: «Papá, me duele, sácame de aquí». Me dieron ganas de decirle al médico dos cosas. Una: pónmela a mí en lugar de a él, y dos: como te acerques con ese objeto punzante al niño te doy un tortazo que te dejo el moflete más irregular que el de Jordi González. Evidentemente no hice ninguna de las dos cosas, pero sí que me quedé con una sensación muy mala. Os cuento esto porque debéis estar preparados cuando llegue ese momento. Las vacunas son necesarias aunque veáis sufrir al pequeñ@. Coged aire, y mirad para otro lado. Sólo hay algo que duele más que una vacuna que le ponen a uno, y es una vacuna que le ponen a tu hij@.

¡Qué mal rollo me ha dado con sólo acordarme de aquel momento! No quiero que acabéis el capítulo referente al cuarto mes pensando que todo son malas experiencias, así que vamos a contar otra de esas primeras veces que son tan especiales. En el cuarto mes tu bebé ya GATEA. Dentro de unos 18 años, y dependiendo de las modas y los bares a los que vaya, empezará a perrear; pero ahora es el momento de sus primeros intentos de gateo. Tal vez soy un poco demasiado optimista al llamarlo gateo. No es exactamente eso, sería más un *repteo*. Tu bebé repta. Si lo dejas en el suelo empieza a menearse con todo el cuerpo, rollo serpiente, y empieza a poder ir de un sitio a otro por sí mismo. Es un movimiento muy torpe, pero a ti, como padre primerizo, te hace sentirte muy orgulloso.

Y no sólo eso, si eres un poco cabrón, como es el caso de un amigo mío, padre primerizo también, le puedes poner un trapo debajo del cuerpo y te abrillanta el parqué. Lo veis, no todo es malo en este cuarto mes. Una cosa sí os digo: este comienzo de independencia locomotriz del bebé tiene una consecuencia muy delicada. Pero nos dejamos eso para el siguiente mes... Vamos poco a poco, repteo a repteo.

12

¡Quinto levanta!

Ha llegado una hora crucial en tu vida. La hora de la verdad. Es tu momento. Si tú fueras Batman, es ahora cuando está la Bat-señal en el cielo. Si fueras Superman, es ahora cuando tienes que quitarte las gafas de pringao, meterte en una cabina de teléfono y salir de ella disfrazado de padre, con el pelo engominado y un caracolillo en la frente. Al terminar el cuarto mes se acaba la baja por maternidad de la madre de la criatura, eso en caso de que la madre trabaje, por supuesto.

Ése era mi caso. Y fue en este quinto mes cuando yo me enteré de lo que valía un peine. Todo lo que hablábamos antes, de que el padre debía buscar el protagonismo porque de no hacerlo pintaría menos que un libro en la casa de *Gran hermano,* todo eso, olvídalo ahora. Ahora es tu momento. La madre se reincorpora al mundo laboral y el bebé deja de ser por lo tanto un curro esencialmente suyo, aunque sólo sea por la lactancia.

Ahora ya no te puedes escaquear mientras ella le da de mamar. Ahora, si podéis cuadrar horarios de los respectivos trabajos, le tendrás que dar tú algunos biberones. Ahora ya no puedes decir «cambia tú este pañal que yo estoy en el baño». No, de eso nada. Ahora habrá momentos en los que estés a solas con el bebé. Será única y exclusivamente cosa tuya. ¿Acojona, eh? Gritarás un poco, de histerismo, llorarás unas quince horas seguidas de puro terror, y luego todo irá como la seda. Estoy exagerando. No es para tanto. Quince horas son muchas.

Lo que tienes que hacer aquí es responsabilizarte. Toma conciencia de que tú eres el único ser que el bebé tendrá en algunos momentos para cuidarlo y ocuparse de sus mierdas, y nunca mejor dicho. Es más, te aseguro que aunque te dé un poco de pavor al principio, luego te parecerá que es ahí cuando comienza tu paternidad de verdad. Cuando tú y tu hij@ os empezáis a hacer amigos.

Para llegar bien preparado a este punto de la paternidad mi consejo es que desde el primer día, aunque la madre quiera copar, instintivamente, todo lo referente a los cuidados más primarios del bebé, tú no te despreocupes. Observa, aprende y practica porque cuando llegue tu momento tienes que estar preparado.

En cualquier caso si hasta ahora no habías cambiado ningún pañal te daré la clave para que lo hagas bien. Es muy sencillo. Que no se caiga. Ni el pañal, ni la criatura. Mantén a tu hij@ limpio y alimentado. Ésa es tu misión. Punto. No hay más.

Uno de los aspectos más increíbles del primer año de vida de un ser humano es que notas que está aprendiendo cosas constantemente, y cada vez que te las enseña te parecen un milagro y las vives de una manera única. Aunque no siempre son agradables. Martín, en su quinto mes de vida, se enfadó por primera vez. Enfado total. No hablo de llanto. Hablo de refunfuñar, de maldecir, en un idioma que sólo él entendía, pero juro que estaba maldiciendo. Era como si mi hijo fuera el protagonista de una película de Tarantino. Sólo le faltó mirarme a los ojos y decirme: «No me quites el jodido sonajero, jodido imbécil». Pasé miedo. Os juro que mi hijo en algunos momentos era más inestable que el Joker. A pesar de esta bipolaridad infantil tengo que decir que, como todas sus primeras veces, la primera vez que se enfadó también fue mágica y la recordaré siempre, aunque todavía no me sabía un truco casi infalible para calmarlo, y a veces dormirlo.

A estas alturas de vuestra vida de padres ya la habréis utilizado alguna vez, pero es en esta etapa cuando empieza a ser más eficaz, puesto que la criatura ya la va reconociendo. Sí, hablo de cantar. Da igual que lo hagas como el culo, si eliges la canción adecuada tu hij@ se calma. Eso que dicen de que la música amansa a las fieras es completamente cierto, al menos con un bebé. No me imagino yo al *Hermano mayor* con un macarra de esos que rompe puertas cantándole una canción de cuna para calmarlo. No me lo imagino, pero molaría, ¿eh?

Como padre primerizo he de decir que he descuidado mucho la selección musical que le he regalado a mi hijo en sus primeros meses de vida. Y eso que se supone que entiendo del tema, currando en lo que curro, pero ya se sabe que en casa del herrero...

Paso a relataros las peculiares canciones de cuna con las que yo calmaba a Martín, y que en ocasiones conseguían que se durmiera dulcemente. A lo mejor a vosotros os pueden servir:

 El tema central de *Oliver y Benji*. Súper infalible, pero hay que empezar con el «Uo, oh, oh, oh, oh» del principio, si no, no es lo mismo. «Allá van con el balón en los pies/ y ninguno los podrá detener,/ el estadio vibra con la emoción/ de ver jugar a los dos, a los dos». Cuando llegaba a «vibra con la emoción» ya estaba durmiendo el jodío. Y eso que no ha visto nunca la serie y no sabe lo largos que se hacían los partidos.

 D'Artacan y los tres mosqueperros. Ésta es muy buena pero hay que cantarla en modo susurro: «Eran uno, dos y tres, los...»... zzzzz. A dormir.

Y por último la que más le he cantado y le cantaré siempre: *The final countdown,* de Europe. Ésta tiene truco. La parte instrumental inicial se tararea con «ninu ninus». A mi hijo le encanta. Yo creo que es un *heavy* en potencia. Alguna vez, mientras se quedaba dormido al oír la canción, juraría haber visto cómo sacaba los cuernecitos.

En definitiva, hay que buscar una canción de cuna. Y no vale sólo tararear. Hay que saberse la letra. Un buen *hit* musical y un balanceo constante, y listo, es mano de santo, falla menos que un *tranquimazin*.

Vamos con otra primera vez que a mí me sucedió por estas fechas, pero que a ti puede pasarte antes o después. También te digo que lo más normal es que sea por el quinto mes porque tiene que ver con la movilidad del pequeñ@. Ya sabe darse la vuelta solo. Es otra de esas pequeñas evoluciones que vas viendo cada mes. Primero repta y luego ya se da la vuelta solo. Esto quiere decir que si lo pones boca arriba él ya se podría dar la vuelta y empezar a moverse hacia algún lugar. ¿Me sigues? ¿Ves hacia dónde voy? Pues yo tampoco lo vi.

Repasemos. El niño ya se puede mover de un sitio a otro sin necesidad de ayuda y el padre ya tiene momentos en los que es el único responsable de él. Unas líneas atrás contaba lo de la excusa de ir al baño para escaquearse, y decía que eso ya no lo podrías hacer más. Pues bien, sumemos todo eso y tendremos la primera vez que mi hijo se me cayó. No a mí, más bien se cayó por mi culpa. Lo cuento para servir de mal ejemplo y que no te pase nunca. Ya verás cuando mi pareja lea esto. Menos mal que tengo un sofá cómodo porque voy a dormir en él un par de noches.

Estábamos en la habitación padre e hijo, era la hora de la siesta. Teniendo en cuenta mi horario de trabajo si no duermo a mediodía no puedo enfrentarme a la segunda parte del día. Ese rato lo he convertido en un ritual para mi hijo y para mí desde el principio. Es nuestro momento, nuestro encuentro especial de cada tarde. La siesta nos une, nos acerca y nos conecta. Lo cojo y lo tumbo en la cama, a mi lado. Para mirarlo, para flipar mientras lo miro. Soy el Pocholo de la siesta y me encanta irme de «siesta» con mi hijo. Es incluso mejor que irse de «siesta» con tus amigos o con tu pareja. Es entrar en el bar/cama y comienza un «siestón» más increíble que el que jamás se pegara Chimo Bayo. Hay veces que la siesta es tan intensa que cuando me despierto tengo resaca. Ésa es una de las grandes diferencias de la paternidad, cambias la letra «f» por la «s» y no te importa. Pues eso, estaba mirando al niño y caí en que no me había cepillado los dientes después de comer. Cogí al niño y en lugar de colocarlo de vuelta en la cuna, lo dejé tumbado boca arriba en el centro de la cama de matrimonio. ¿Qué? ¿Ahora sí, ya lo veis venir? Pues yo no lo vi. Me marcho al baño y cuando estoy enjuagándome la boca oigo un ruido seco. ¡PUM!

Miro a mi alrededor. No se me ha caído nada. Y sigo con mi higiene bucal. Medio segundo más tarde empieza a llorar el niño. Y en mi cabeza, en seguida, se unen el ¡PUM! y el ¡BUAH BUAH! Y grito: «¡Martín!». Voy corriendo a la cama y veo que el niño no está donde lo había dejado. ¡Está en el suelo! ¡Llora sin consuelo! Se acaba de dar su primer hostión y está boca arriba, moviendo las manitas y las piernecitas. Casi me da algo. Todavía me pongo malo cuando lo cuento. En ese momento me pregunté muchas cosas. ¿Seré un buen padre? ¿Estaré preparado para estar al cargo de un bebé? Por supuesto que lo estaba, y tú también. Un hostión es algo necesario, diría yo. Son esos pequeños sustos que te hacen espabilar en la vida. Es como aquella vez que Rajoy se cayó de un helicóptero. Desde entonces como que está más atento. Bueno, mal ejemplo, no siempre lo de los hostiones espabila. De todas formas tú no te preocupes y deja de torturarte mentalmente, a ti no te pasará nunca si sigues al pie de la letra este...

Blanconsejo

Nunca, repito, nunca jamás. Pero no en plan, yo nunca me acostaría con Ana Rosa Quintana, yo nunca me tiraría en paracaídas con Ana Rosa, yo nunca me metería en la jaula de unos leones... con Ana Rosa. Hablo de cosas que nunca harás, ni harías. Hablo de ese «nunca». Nunca, nunca jamás pierdas de vista a tu bebé. Y menos a partir de ahora, que ya se mueve, que busca cosas sin querer. Es muy importante. Y si tienes que ir al baño, al coche, al salón a recoger algo, o bien dejas a alguien vigilando o bien te lo llevas. Sé que es un poco engorroso, pero es mejor esa molestia que oír de lejos un ¡PUM! y que al ir a mirar qué ha sido, te encuentres que la criatura se te ha caído.

Y ahora que caigo, o que se cae él, estamos ya en el ecuador del primer año de padre primerizo. ¿Cómo lo ves? ¿Te ves capaz? Me apuesto contigo lo que vale este libro a que sí que lo eres.

13

El sexto consentido

A estas alturas del libro ya te habrás dado cuenta de lo que estoy haciendo. Lo sé. Lo hago muy a menudo, sobre todo en los programas de radio en los que llevo el timón. No sé por qué, pero es como una costumbre que me sale sola. Una especie de sello personal, como los chistes de Matías Prats en las noticias, pero en negativo. Lo admito, me encanta el mal rollo. A ver, vamos a entendernos. No es que me guste el mal rollo de mal rollo. Es que me gusta contar o destacar primero lo que se supone que es de mal rollo. Lo llevo haciendo casi todo el libro y no te habías dado ni cuenta. Eso es porque, a pesar de lo que te pueda parecer en algunas ocasiones, soy una buena persona con un gran corazón. Primero te cuento lo peor, lo más incómodo, lo más desagradable, y acto seguido te relato las maravillosas ventajas y alegrías que conlleva ser padre. Ya está, ya he desvelado el truco. Ya he enseñado los hilos con los que me muevo por esta historia. Ahora que ya sabes de qué palo voy, tengo una mala noticia. Es posible que el sexto mes sea el peor de todos. O sea, que en este mes no sé si voy a poder usar mi truco de la cal y la arena, de lo malo y lo bueno. Me temo que el sexto mes es como los políticos, no hay nada bueno. Pero hay que pasar por aquí para llegar a la meta, a la felicidad. No se puede dar el hijo en adopción durante un mes y que luego te lo devuelvan.

Comenzamos con un tema un poco asqueroso. Las babas. Tu bebé se va a convertir en una máquina de producir babas. Muchas babas, tantas babas que tu bebé va a parecer Luis María Anson en un certamen de Miss España. Se le va a caer la baba todo el rato. Si en los dos primeros meses tu cuerpo estaba recubierto de pequeños vómitos, ahora llega el turno de las babas. ¿Conoces estos perros que ya de por sí tienen los mofletes caídos y llevan la boca y la lengua fuera todo el día? Pues imagina a ese perro en el desierto muerto de calor. Ese perro tiene menos babas que tu bebé. De hecho, ya no es tu bebé, es tu «babá».

En serio, hay un momento en que es hasta un poco preocupante. Recuerdo haber ido al médico y todo para preguntar por qué de la boca de mi hijo salía una botella de litro y medio de baba al día. También recuerdo la respuesta del doctor, y lo que es peor, recuerdo lo que esa respuesta trajo consigo. Los bebés de seis meses babean porque les van a salir los dientes. Por supuesto hay excepciones; sin ir más lejos, mi sobrino mayor ya nació con uno, pero como he aclarado en capítulos anteriores, este relato es personal e intransferible. Lo que yo viví en el sexto mes a ti te puede pasar antes o después, pero lo que es seguro es que los dientes de tu hij@ llegarán, vaya si llegarán. ¡Oh, cielos! Menudo mundo el de los dientes. Ahora entiendo a la Pantoja cuando decía lo de: «Dientes, dientes, que es lo que les jode». Yo creo que se lo decía a un bebé, instándole a que le salieran para joder a los padres.

Los dientes juegan al despiste. El primer diente, no en todos los casos, pero sí en muchos, sale de manera sorpresiva. De la noche a la mañana. Cuando acuestas al bebé, no tiene nada, todo despejado, y al día siguiente se levanta con una paleta en medio de la boca. Y flipas con el cuerpo humano. Piensas, ¿cómo puede ser que algo que estaba oculto se levante tan rápido? Entonces te acuerdas de lo que usaste para dejar embarazada a tu pareja y te das cuenta de que el cuerpo humano está lleno de cosas que se levantan y salen con rapidez. El caso es que la salida del primer diente es así, muy fácil, muy de repente. El niño casi no se da cuenta y el padre tampoco. Es en ese momento cuando te confías, cuando te crees que va a ser así siempre. De eso nada. Desde ese momento en adelante vas a tener noches infinitas protagonizadas por los llantos que provoca la salida de un diente. Y no hay mucho que puedas hacer. Las abuelas de los pueblos dicen que lo mejor es mojar el chupete en coñac para anestesiar la boca. Esas abuelas están en la cárcel por corromper a menores con vicio. Si tú no quieres eso, ármate de paciencia y aguanta. Prepara mordedores, apiretal (es como un gelocatil líquido infantil), y anteojeras, esto último para ti, que lo vas a necesitar, pero sobre todo sé paciente. Los dientes son como las mentiras, al final acaban saliendo y todo es mucho más llevadero.

Vamos con otro mal rollo. Lo ves, es lo que os decía. Gozo escribiendo este capítulo. No lo puedo evitar. Sé que me imagináis sentado delante del ordenador mirando la pantalla con los ojos rojos mientras suelto una risa malvada y acaricio un gato persa. Nada más lejos de la realidad. No tengo gato.

Hablemos ahora del cambio de cuarto del bebé. Hasta ahora el niño dormía en la habitación, a vuestro lado, en una cunita. Cuando la lactancia se termina y el niño ya no necesita el pecho de la madre, lo más habitual es que se le traslade a su propia habitación y que duerma a solas, sin la presencia de los padres. Eso que podría parecer una cosa muy bonita y muy agradable puede convertirse en el asunto de mayores discusiones con tu pareja desde que el niño nació. Cada pareja es un mundo y aquí no hay nada escrito, pero una cosa sí la debes tener clara. No sé por qué, pero el niño va a notar que ya no duerme con vosotros y las primeras noches que el niño duerma en su habitación van a ser un infierno. Un infierno. Imagínate un mundo lleno de fuego, gritos agónicos, llantos desesperados, malas caras, odio y tensión infinita. Ahora quítale el fuego. Ahí lo tienes, así son las primeras noches del niño en su cuarto.

La razón por la que esta nueva circunstancia puede desencadenar una guerra en la pareja es la diferencia de criterios. Es difícil ponerse de acuerdo sobre cómo reaccionar ante tanto grito y llanto. La desesperación del bebé os llegará al corazón, os hará pensar que sois malas personas y que no sois unos padres a la altura debida. Uno de vosotros, a veces será la madre, a veces serás tú, querrá recuperar la calma perdida y la paz interior, y volver a traer la cuna al lado de la cama de los padres. No le daréis importancia, pensando que es un asalto perdido y que todavía queda mucho combate. ¿Crees que esto es bueno o malo? La respuesta en un...

Blanconsejo

Hay que resistir. Hay que ser fuertes. Y sobre todo hay que hablar del asunto, es decir, la pareja tiene que aclarar antes de que se produzca el cambio que ninguno de los dos se va a desmoronar. Ésta es la única manera de que no se abra una grieta. En el momento en que uno de los dos quiera ir a traer al niño, el otro se lo tomará mal y viceversa. Hay que ser muy fuertes, por mucho que llore el niño. Esto no quiere decir que haya que ignorar al bebé. De eso nada, si llora hay que ir a verlo y hacerle compañía, por supuesto. Son noches en las que no vais a dormir prácticamente nada. Tendréis que hacer turnos para cuidar al pequeño, pero siempre en su habitación, bajo ningún concepto lo llevéis de vuelta a la vuestra. Si lo hacéis habréis perdido la primera de muchas batallas contra sus llantos. Si llora y tú haces lo que él quiere, él gana y ya sabe cómo conseguir lo que quiere: llorando. Si eso sucede, no vas a tener un hij@, vas a tener una ambulancia sonando todo el día. Se han dado casos de niños cuyos padres cedieron y los sacaron de su cuarto para volver a meterlos con ellos en la habitación de matrimonio, y los padres han acabado durmiendo en el suelo y el niño en la cama. No es broma, ¿eh? Así que ya lo sabes, por mucho que llore, tú resiste. Esta horrible situación en mi casa duró tres días. No sé lo que durará en la tuya. Lo sabré si te veo por la calle por el tamaño de tus ojeras y si te veo en los vestuarios del gimnasio por la hinchazón de tus pelotas. Paciencia. Pasará.

Vaya cara se te ha quedado después de leer esto. Pues vamos a por otro mal rollo. Otra vez risa malvada. Es otro motivo de discusión con tu pareja. Estoy hablando de la compra de la sillita del bebé, también conocida en mi casa como la «trona».

La trona es una sillita en la que la criatura se va a pasar buena parte de su tiempo. Ahí le daremos de comer, ahí veremos cómo aprende a masticar, y desde ahí lanzará al suelo una y mil veces sus juguetes y sus platos de comida. Y una y mil veces nosotros los recogeremos. Hasta aquí parece que estamos describiendo el trono del Rey de España. Y debe de ser parecido, sólo que tu bebé es el rey de tu casa. Eso sí, por tu casa se va a mover más que las bragas de Falete puestas en Kate Moss. Bueno, para ser exactos, la «trona» no se mueve sola, la moverás tú. Lo que te vas a ahorrar en gimnasio. Hay culturistas que han ganado campeonatos y se entrenaban moviendo la trona por la casa. En esta silla desplazarás al bebé por toda la vivienda para que te acompañe allá donde tú vayas. Será así durante muchos meses. Y, ¿dónde está el problema? El conflicto surge a la hora de elegir la sillita. Tu chica, una mujer con buen gusto, por eso está contigo, querrá una trona monísima. Se fijará en el color, en su diseño, y si puede ir a juego con los muebles de la casa, mejor. A ti en principio podría darte igual, pero querrás una barata, que pese poco y sea manejable, puesto que, ya que la vas a mover tú, es mejor que cada vez que la cojas no se te pongan los antebrazos como a Popeye. Esta discusión puede durar días y se pueden montar pollos muy gordos. Valora hasta dónde estás dispuesto a llegar, pero si crees en ti, éste es el momento de luchar, ahora jugáis en igualdad de condiciones. Ha acabado un ciclo y empieza otro. Las cosas han cambiado.

Estamos hablando de un proceso de nueve meses de embarazo, más unos meses más de vida del niño, en los que, tal y como te dije al principio del libro, lo mejor es CEDER, porque ella está pasando por muchos cambios hormonales y es lógico que su sentido del humor sea inestable y frágil. Pues bien, ahora ya no hay ninguna diferencia corporal entre vosotros. Los dos dormís poco, los dos coméis mal y su cuerpo y el tuyo ya no son diferentes en nada que tenga que ver con haber sido madre. Eso tiene una consecuencia brutal: a partir de ahora ya no tienes ganas de transigir, ni tienes por qué CEDER. Si uno no cede, ¿qué pasa? Que empieza la discusión. La cosa se pone más tensa que esa serie en la que casas reales luchan por ocupar el trono supremo. Esto es *Juego de «tronas»*. Aunque te pueda parecer malo e insoportable, no está mal que se produzcan estas discusiones. Es como estar estreñido, todo tiene que salir, si no, es malo para el cuerpo. Tú también te mereces tener voz y voto en algo, querido padre primerizo. Llevas en silencio demasiado tiempo. Has sido generoso, pero todo lo que empieza acaba y el CEDER también tiene un límite. Por una vez, sin que nadie lo cuestione, vas a hablar, te dará igual que la dependienta esté delante. Recuerdo la discusión que tuve yo por la trona. En la tienda, gritos, lanzallamas, bazocas y granadas de mano. Estuvimos tantas horas discutiendo que la dependienta nos dejó las llaves del local para que lo cerráramos nosotros. Ella: «La trona tiene que ser de diseño». Yo: «Pero ¿tú has visto el precio y lo que pesa? Y una mierda, de diseño». Y tras muchas horas debatiendo acaloradamente llegó el momento definitivo en el que un hombre hace lo que tiene que hacer. Imponerse. Sin importarle las consecuencias. Yo lo hice. Esta vez, yo iba a tener la última palabra: «Sí, cariño». Efectivamente, la trona de mi hijo es de diseño y pesa 27 kilos. Tengo el brazo derecho como el de Nadal, de moverla por casa.

Y ya está, ya hemos llegado al final del sexto mes. Un mes lleno de malos rollos y sin ninguna alegría final. Que no hombre, que no. ¿Cómo voy a hacer yo eso? Aquí viene una alegría que os dará la vuelta a la cabeza. Más o menos al final del sexto mes tu bebé ya podrá ponerse de pie. ¡Toma ya!

En unos días tan complicados como los que estarás viviendo, la mejor recompensa es ver a tu hij@ cogiéndose a los barrotes de su cunita y empezar como a trepar poco a poco. Como si fuera Jesús Calleja de bebé. Lo intenta una vez, y se cae de culo. Lo intenta una segunda vez y se vuelve a caer. A la tercera se agarra a los barrotes, tira de su cuerpo hacia arriba y se queda con las piernas rígidas, de pie. Él solo, por primera vez en su vida. Esto es lo más increíble que puedes ver en esta etapa de padre primerizo. Es como una metáfora que tu bebé te lanza en todos los morros. En el mes más complicado, cuando todo está difícil, el pequeño ser humano que hay en la cuna lo intenta una vez, se cae y lo vuelve a intentar hasta que lo consigue. Parece que te está diciendo: «Papá, si te caes, te levantas». Es increíble. Y más aún si tú estás presente cuando tu bebé logra tal hazaña. Yo lo viví en directo con Martín. Por casualidad tenía una cámara a mano y lo grabé todo. Fue un momento especial. Dicen que cuando mueres pasa por tu mente una película con los momentos más importantes de tu vida. Si es así, con mi último aliento quiero revivir ese instante. Su primera vez de pie por su propio pie. Así que ya lo sabes, futuro papá: si te caes, te levantas, como hará tu hij@.

14

Me han hecho un «siete»

Hay un montón de expresiones en castellano que utilizamos cada día, aunque, en la mayoría de los casos, no tenemos ni idea de dónde viene su uso. Expresiones como «una de cal y otra de arena». ¿Cuál es la buena y cuál es la mala? O ese bonito dicho que reza «que no te las den con queso». ¿Se refiere a una hamburguesa o a la planta de un pie? Y aún diré otra más: «Vete a freír espárragos». ¿Es malo para la salud freír espárragos? ¿Hay algún lugar muy lejano al que sea obligatorio ir a freír espárragos?

Te estarás preguntando a qué viene todo esto. Pues muy fácil, el origen de una de estas misteriosas expresiones lo descubrí en el séptimo mes de vida de mi hijo. La había oído muchas veces y sabía de sobra lo que significaba, o por lo menos eso creía. Lo que realmente encerraban esas palabras lo aprendí cuando mi pequeño empezó a comer ese extraño potingue con mala pinta y que tantos meses nos acompañó.

Todo comenzó cuando Martín empezó a alternar la comida que sale de su mamá con la otra comida. Sí, yo, Frank Blanco, un humilde hijo de Mollet del Vallès, descubrí hace un año algo impresionante. Bien mirado no tiene mucho mérito, porque también lo vas a descubrir tú en unos meses. Tú y yo, padres primerizos, seremos de los pocos seres humanos sobre la faz de la Tierra que sabemos lo que realmente significa «ESTAR HECHO PAPILLA».

El tema de las papillas tiene varios puntos clave que debes conocer antes de adentrarte en él. Lo que voy a hacer a continuación te va a ahorrar algunos disgustos e incluso algo de dinero en ropa. Lo que voy a hacer a continuación es una buena acción. Si alguien le hubiera dicho a Indiana Jones «no vayas que hay serpientes y una bola gigante de piedra», hubiera entrado igual, pero ya sabiéndolo vas con otro rollo, con menos chulería y sin sombrero. Qué manía de correr con un sombrero que se te cae todo el rato.

Perdón, vuelvo a las papillas. La ingesta de papillas pasa por tres fases. Todo esto te lo desglosará el pediatra con mucha más información. Yo te lo voy contando para que te hagas una idea. En la primera fase el bebé tiene que empezar a ingerir alimentos que no sean leche materna, por lo tanto tienes que darle papillas de cereales. Normalmente vienen en polvo y cuando las pruebes, que las probarás seguro, te darás cuenta de que casi todas las cosas que vienen del polvo son buenas.

De las papillas de cereales pasaremos unas semanas más tarde a las papillas hechas con frutas. Básicamente esto te convierte en una especie de camarero especializado en cócteles. Tienes tus frutas frescas, tu batidora. Es ideal, pero no te confundas y vayas a echarle vodka a la papilla. Eso sí, si quieres ponerle una sombrillita al platito de la papilla, a tu bebé le hará ilusión y con un poco de suerte te dejará propina.

Tras un mes de papillas de frutas pasamos a lo serio: los potingues de verduras. Aquí la cosa se pone grave. Estamos hablando de alimentos sólidos. Y éstos son difíciles de dar. No sé qué nos pasa a los seres humanos que sólo nos empiezan a gustar las verduras cuando tenemos 40 años y vemos anuncios en la tele de gráficos sobre lo mal que funciona el corazón con colesterol.

Éstas son las tres primeras fases de las papillas. Parece fácil, ¿verdad? Sí, sí, claro, eso pensaron los americanos al llegar a Vietnam. Lo escribiré al estilo Rambo. Las papillas son el infierno, no siento las papillas, coronel Truman dele usted a mi hijo la puñetera papilla, por favor. Tienes que pensar que la primera papilla que se va a tomar el crío es un asunto importante, es el primer sólido que va a tragarse como ser humano. Y claro, con toda la ilusión del mundo, los padres primerizos sacamos la cámara para inmortalizar el momento. Estamos grabando a nuestr@ adorad@ muchach@ y pensando en lo orgullosos que nos sentiremos cuando lo veamos comer por primera vez. Hacemos un *zoom* a la boquita para ver cómo se zampa su primera cucharada y... ¿qué es lo que grabamos?: un niño que parece vacilarnos y que cada vez que nota la cuchara saca la lengua y tira todo para fuera. Al principio puede resultar divertido, pero cuando llevas media hora grabando una batalla a muerte entre su lengua y la cuchara ya te cambia el gesto. De verdad te lo digo, es una batalla a muerte. ¿Recuerdas esas películas de Jackie Chan en las que él suelta puñetazos y esquiva a otros a una velocidad asombrosa y suena una especie de «juh, juh, jah, juh»? Pues la lengua de tu hijo es Jackie Chan y la cuchara es el malo. Después de grabarlo me puse a ver la película y pensé en crear un videojuego sobre estas peleas.

Hay que decir, para aclarar las cosas y evitar preocupaciones, que tu hijo no es que sea tonto, ni que te esté chuleando, lo que le pasa es absolutamente instintivo. Es una maniobra del cuerpo humano, llamado el reflejo de extrusión. Suena a que tu bebé sabe artes marciales y que cuando alguien lo ataca le hace una extrusión que alucinas, ¿a que sí? Pues no. Resulta que en nuestros primeros meses de vida todos tenemos un reflejo instintivo que hace que nuestra lengua rechace todo lo que entre en la boca que no sea una mama o tenga forma de tetina. Este instinto de extrusión es lo que hace que tu bebé no sea capaz de comer. No sabe comer, y por eso, y aunque sea incómodo para ti y para el bebé, hay que insistir. Deberás insistir tanto o más que ZP cuando negaba la crisis. A base de insistir acabamos comiéndonos el marrón, pues aquí cambia el marrón de la crisis por el blanco de la leche. Tras unos días el bebé perderá ese reflejo y su lengua dejará paso a la cuchara.

Ahora hablaré del momento en que descubrí de dónde viene la expresión «estar hecho papilla». Darle las primeras papillas a tu hij@ es lo más agotador que vas a hacer en mucho tiempo. Se trata de una lucha psicológica, igual que cuando intentas dejar de fumar. Es como en las finales de Nadal y Federer, cuando los comentaristas dicen: «Lo importante es cómo tengan la cabeza ahora». Pues esto es lo mismo, pero sin que nadie se saque los calzoncillos del culo. Es una guerra tremenda. Puedes llegar a estar una hora entera intentando que coma algo, y aunque te parezca que es algo estático, la presión que vives en ese momento te deja muerto. Es igual que esos duelos que había en las películas del Oeste. Uno enfrente del otro, con el sol del amanecer calentando el suelo. La canción del silbidito sonando a todo trapo. Una bola de polvo y ramas que pasa entre los dos vaqueros. En un extremo un *cowboy* pequeñín con la boca cerrada a cal y canto. En el otro lado un *cowboy* que enfunda su cuchara y está esperando para disparar papilla. De ese tipo de tensión estamos hablando. Pues a ese duelo al amanecer añádele el duelo a mediodía, el duelo de la hora de comer, el de la merienda y el de la cena. Hay más duelos que en un tanatorio. Y eso es agotador. De ahí que estar cansado sea estar hecho «papilla». Concretamente «estoy hecho papilla, y luego se la he dado al bebé». Pero ahí no acaba la cosa, pues ese momento papilla tiene otra variante que puede derivar en la siguiente expresión: «ESTAR HECHO DE PAPILLA».

Imagina un aspersor de jardín. Imagina cómo va lanzando su chorro de agua casi pulverizada de manera regular y semicircular. Es un baile armonioso y refrescante en el que de un pequeño artilugio sale una cantidad sorprendente de líquido. Puedes imaginar ese aspersor sobre un césped verde en un precioso chalet al borde de la playa, ¿verdad? Pues ahora imagina que el aspersor es tu bebé y en lugar de agua hay papilla. Donde ves un chalet, pon cualquier rincón de tu piso, y donde había un chorro pulverizado y en semicírculos pon la comida de la criatura.

Mi casa nunca ha tenido tantos lamparones por todas partes como cuando empezamos a darle papillas a Martín. Una vez vino una amiga de mi chica a casa y nada más entrar en la cocina nos preguntó que por qué habíamos estucado la cocina. No te digo más.

Y por supuesto, no sólo la casa se llena de papilla. El miembro de la pareja que le da la papilla, prácticamente se entierra en papilla. Una vez, después de «intentar» dar uno de estos potingues al pequeño me fui a tirar la basura. Tenía tanta porquería encima que la hija de una vecina empezó a gritar pensando que yo era la Cosa del Pantano. Subió rápido a buscar a su madre mientras yo le gritaba que no era un monstruo, que es que «estaba hecho de papilla».

A pesar de estos engorros e inconvenientes, el hecho de verle comer sólidos te producirá mucha felicidad. A partir de este momento y en los meses que quedan hasta llegar al primer año de vida, cada semana irás dándote cuenta de que se hace mayor, o mejor dicho, se hace personita, y el proceso es muy excitante. Y hablando de cosas que hacen que pensemos que se hacen mayores... Otro cambio.

Y ya sabes de qué va esta película: si él cambia, tú también. Vais unidos como el mar y la sal, como la Esteban y su nariz. El siguiente cambio es uno bastante importante y novedoso. Hasta ahora el bebé se duerme, en la mayoría de los casos, siempre que tú quieres que se duerma. Eso se acabó.

No sé muy bien por qué, pero de pronto descubre que puede tener su propio horario. Se empezará a dormir cuando quiera, a las horas que quiera, de noche, de día, a veces le sorprenderás viendo teletiendas a las cuatro de la mañana y te dirá que no se puede dormir.

Bueno, esto te pasará más bien cuando tenga 17 años. Tiempo al tiempo. Solución a este descontrol a la hora de dormir que provoca llanto y dramas: aprovéchate de ello. Si lo piensas bien es maravilloso. La vida de tu niño ya no es sólo dormirlo o alimentarlo. Ahora ya no quiere dormir y comer simplemente. Es el momento de jugar. De jugar con él hasta que caiga rendido. El bebé decidirá cuándo dormir, tú mientras tanto disfruta de su compañía. El niño cogerá su propio ritmo igual que los adultos cogemos el nuestro. Si es que parece que fue ayer, pero ya han pasado siete meses desde que salió de aquel túnel en aquella habitación de hospital, y míralo, ya duerme como el culo, como su padre. Si es que se hacen mayores sin que nos demos cuenta.

Bueno, y antes de acabar con este mes un dato maravilloso. Otra de esas primeras veces que hacen que todo valga la pena. Puede que te cueste detectarlo, hay que estar alerta, porque es muy posible que ya se sepa su nombre. Sí, sí, has leído bien. Es posible que a partir de estos días, cuando digas «fulanito» notes cómo reacciona. Para que te hagas una idea, la primera vez que Martín se giró cuando oyó su nombre no lo habíamos dicho ninguno. Estábamos en casa viendo *Regreso al futuro* y en un momento de la película alguien llama al protagonista (Marty). En ese instante mi hijo, que estaba apoyado en el sofá, se giró y miró hacia la pantalla. ¡Viva mi hijo! ¡Viva el condensador de fluzo y vivan los viajes en el tiempo! Ahora que lo pienso, leyendo estas páginas, tú también estás subido a un «DeLorian». Este libro se ha convertido en nuestra particular máquina del tiempo. Tú eres el Michael J. Fox de esta historia. Haz como él y no seas gallina. No te acobardes. Confía en mí, que te lo digo como padre. Si te lo dijera como ministro de Economía entendería el terror, pero yo he pasado por aquí y sé que aunque hay piedras en el camino se puede hacer. Es más, estás viendo lo que te espera como padre primerizo en un futuro muy cercano, y eso tiene sus ventajas. Vas por delante, a la cabeza del pelotón, si esto fuese un Tour de Francia, tú serías el ciclista que va líder y este libro es el dopaje. Cuidado, porque a lo mejor al terminar de leer te viene alguien pidiéndote que mees en un bote. Aun así, ni caso, lo mejor está por llegar. A estas alturas ya hemos recorrido más de la mitad del viaje, abróchate el cinturón que vamos a toda velocidad hacia nuestro destino: el primer año de vida de tu hij@.

15

El «octavo» pasajero

Un año tiene 365 días, 365 días con sus respectivas y laaaaargas noches, 12 meses que parecerán años, en los que vas a vivir muchas experiencias. Algunas serán buenas, otras lo serán menos. Algunas te llenarán la cabeza de preguntas que serán difíciles de resolver, otras experiencias te resultarán muy curiosas, y unas pocas no te lo parecerán en el momento, pero sí lo serán con el paso del tiempo. En este primer año, en esos 365 días, todo lo vas a compartir con dos personas. Tranquilo, tu suegra no es una de ellas. La primera persona acaba de nacer y la otra es una de las culpables de que la primera esté en el mundo: la madre, tu pareja, el amor de tu vida, al menos hasta ahora. En este libro no hemos hablado mucho del papel de la madre y no es por una cuestión de machismo, pero el libro se llama *Cómo ser padre primerizo y no morir en el intento*, y está hecho para los que, como me ocurrió a mí, son hombres indefensos ante la llegada de su primer hijo. De momento no puedo ser madre y padre a la vez. De eso sólo sería capaz Mario Vaquerizo. Eso sí, en muchos momentos de mis experiencias narradas en estas páginas sí que he hecho hincapié en lo importante que era que tú, como padre, fueras un apoyo indiscutible y firme de la madre. Momentos concretos en los que se hace necesario que seáis una piña. Entendámonos, que seáis una piña hace falta siempre, pero no es tan fácil conseguirlo. De hecho se habla de «una piña» porque por fuera pincha, pero si la abres está deliciosa y dulce. Este símil sobre la unión entre parejas me ha quedado un poco guarro, pero seguro que me habéis entendido. No es hora de cochinadas, amigo padre primerizo, porque llega uno de esos momentos en los que tu motivación y concentración tienen que centrarse en la madre: el fin de la lactancia.

El fin de esa relación entre mi pareja y mi hijo llegó exactamente al comenzar el mes ocho. A vosotros os puede pasar antes o después, porque en la lactancia, si es vuestra opción, no hay reglas escritas. Cierto es que existen personas que siguen dando de mamar a sus crías durante mucho más tiempo. He llegado a ver incluso a niños de 2 años o más que en medio de un parque se ponían en el regazo de su madre y empezaban a succionar como si fueran concursantes de un *reality show*. Un poco más de tiempo de lactancia y esos niños en lugar de leche le pedirán a la teta de su madre un capuchino. En lugar de recurrir a las mamas deberían buscar un Starbucks.

Aunque la lactancia es un poco engorrosa para la madre, porque será una esclava de las necesidades del pequeñ@, el fin de la misma puede suponer un golpe psicológico para ella. Visto desde fuera el fin de la lactancia es como cuando un amigo tiene una novia, y tú, que sueles quedar con ellos a menudo, te vas dando cuenta de que la chica le está dejando de querer. Quedas a cenar con la parejita y donde antes todo eran caricias bajo la mesa, miradas furtivas, incluso pequeños chistes privados que hacían a la chica sonrojarse, donde antes todo era complicidad, ahora...

—Voy al baño.

—Joder, siempre estás igual, ya has ido cuatro veces durante la cena, ¡qué pesado eres!

—No soy yo, es la birra.

—Pues a ver si dejas de beber tanta cerveza, que te está saliendo la barriga de tu padre.

Esa relación está muerta. Pues el final de la relación entre los bebés y las tetas es parecido. Si no es la madre quien pone fin al periodo de lactancia, es el bebé quien un día, de repente, ya no muestra tanto interés en mamar. La madre le acerca el pecho y sí, lo agarra, pero ya no lo hace con la voracidad de los primeros meses. Es otra cosa. Poco a poco el desinterés se va intensificando hasta convertirse en rechazo. La madre quiere darle de mamar y la criatura sencillamente pone cara de asco y no se acerca al pecho. Y ya no volverá a hacerlo nunca. Por lo menos al de su madre.

Aquí entra en escena el padre. Es probable que en esta circunstancia detectes cierta tristeza en tu pareja. Estamos hablando de una tristeza que acompaña a la madre unas semanas, y que a lo mejor no es muy evidente, como cuando Rajoy perdió sus segundas elecciones, o como cuando Merkel le pega y no nos lo dice. No es evidente pero es tristeza al fin y al cabo. Es posible que ella no te hable de esa pena que tiene dentro, pero tú tienes que estar pendiente de sus actos y de sus reacciones para detectar si te necesita. Puede parecer un poco cruel hacer lo que te voy a proponer, pero es necesario que este tipo de cosas salgan para que así se pueda hablar de ello con todas las cartas sobre la mesa. Llegados a este punto, tu pareja necesita que te transformes en una bestia de la provocación, una máquina de provocar rabia. Como cuando a Mercedes Milá le cae mal un concursante de *Gran hermano* y lo entrevista. Debes rascar, debes investigar, debes hablar con ella y si es necesario debes apretar un poco hasta que tu chica lo suelte todo y se desahogue. Se ha roto un lazo muy íntimo entre ella y su hij@. A pesar de que se trataba de una relación de total dependencia entre ella y el bebé, su final le va a doler mucho. Estamos hablando de algo completamente instintivo. Cuando la mujer da a luz, su cuerpo se prepara por sí mismo para alimentar a lo que sale de ella. Ese ser vivo que sale de su interior tiene como único recurso de supervivencia a su madre. Imagina el lazo que se crea, el sentimiento que ha nacido. Muchas veces se habrá quejado de lo sacrificado que es tener que estar cada tres horas dando de mamar a esa personita, y a pesar de todas esas quejas ahora que eso se termina la mujer lo va a echar de menos. El bebé ya no la necesita. Ya no es imprescindible, y eso cuesta mucho asumirlo. Es más, me han contado casos de madres que una vez terminada la lactancia casi obligaban al niño a mamar. Sí, sí, he usado el verbo obligar. Lo que se dice obligar a punta de teta, como si fuera una pistola. Yo esto lo comparo con la separación de Martes y Trece. Es dolorosa, pero llega un momento que hay que comer otra cosa que no sean empanadillas.

En fin, estos casos son extremos. Lo más normal es que todo quede en eso, en una especie de velo de tristeza y de desgana por parte de la madre. Tu papel es ser un apoyo fuerte. Hablar mucho y hacerle entender que a partir de ese momento madre e hijo empezarán a compartir otras cosas que serán tan especiales como la lactancia o más. Ese bebé todavía os tiene guardadas muchas sorpresas.

Por ejemplo la primera vez que da palmas. Suena extraño pero eso es también muy emocionante. Lo de dar palmas es una cosa que tiene un interesante poder de atracción para el ser humano. Dar palmas se entiende como algo positivo: algo bueno ha pasado y hay que celebrarlo. Cuando en *La ruleta de la suerte* alguien acierta el panel todo el público da palmas entusiasmado. Cuando ZP anunció que abandonaba, todos se pusieron a dar palmas como locos. Cuando en *El hormiguero*... Bueno, en *El hormiguero* todo el mundo da palmas todo el rato, no sé qué les pasa.

Y digo que es curioso porque lo de aplaudir es de las primeras cosas que le quieres enseñar a tu hij@. Quieres verlo dando palmaditas con sus manitas. Se convierte en una obsesión. Es como si todos los padres quisiéramos que nuestros hijos fueran palmeros de un grupo de flamenco. Estoy convencido de que hay guarderías donde los niños al ver en la tele a su personaje favorito de dibujos animados dan palmas y hasta las doblan mientras otro empieza a cantar: «Soy un teletubbie y vengo a tu casamiento».

Martín dio sus primeras palmas cuando tenía ocho meses. Su madre y yo le habíamos enseñado a juntar las manitas como celebración cuando algo salía bien. Los dos aplaudíamos delante de él y gritábamos un «bien» estirando mucho la e... O sea, un bieeeeeeeeeeeeeen. Yo creo que está muy claro. Dar palmas es una cosa buena, ¿no? Pues no debe de estar tan claro, porque nuestro hijo lo interpretó mal.

Estábamos durmiendo una siesta los tres juntos en el salón y nada más despertarnos con un grito seco, el niño nos mira, empieza a dar palmaditas y emite una «e» larga. Tal vez es porque yo duermo poco en la vida y al despertar de una siesta nunca jamás se me ocurriría decir un bieeeeeeen. Mi chica tiene la teoría de que sí entendió el concepto palmitas de celebración. Según ella fueron unas palmaditas de «bieeeeeeeeen, hemos dormido una siesta». Visto así, sólo puedo decir una cosa: bieeeeeeeeeen por mi hijo el palmero.

Recopilemos cosas que ya hace tu bebé. Tu bebé ya repta, ya se pone de pie apoyándose en cosas, ya no se duerme cuando tú quieres, ya emite sonidos semicoherentes, ya es capaz de dar palmitas. Ya está preparado para montarte un buen cirio en un restaurante. Ha llegado la hora de salir a cenar con el niño y que empiece la batalla.

Hasta ahora, si habías salido a cenar, podías aparcar al niño, literalmente, en alguna esquina y dejarlo tranquilito durmiendo mientras tú disfrutabas de la cena más o menos plácidamente. Ahora ya no podrás. El niño ha aprendido una cosa que te enseñan la vida y muchos programas de Telecinco. Ya sabe montar el pollo. El bebé es un experto en montar pollos. Cambia un plató por un restaurante y comprobarás que la cena ahora no dista tanto de un *Sálvame*. Ya lo verás.

Siempre he sido de esa clase de personas que en el restaurante, si veía que cerca de mi mesa había un cochecito y un niño llorando o gritando, me sentaba en la otra punta. Hubo una época en que cada vez que volaba, una fila por delante o por detrás de mi asiento había un bebé llorando. No, no siempre era el mismo, pero el llanto sonaba igual fuese el niño que fuese. A mi favor diré que jamás perdí la educación por ese motivo, y mira que me ponía nervioso. Lo aclaro porque en alguna ocasión yo ya me he encontrado con varios gilipollas que se dejaron los modales en casa. Ése nunca fue mi caso, insisto. La racha de «bebés a bordo» en aviones fue tan intensa, que en un viaje de Madrid a Tenerife me refugié en el alcohol para llevarlo mejor. A lo Melendi, pero sin acabar en comisaría. No funcionó. Es más, como estaba desesperado, al final acabé llorando yo también con el bebé. Fue muy extraño. Tras tres benjamines de cava, el bebé y yo nos dimos los *twitters* (el mío es @Frank_Blanco) y todavía somos amigos. «Eres un bebé de puta madre», le dije en la despedida. Es broma, no sucedió así. A mí los bebés me daban un poco de repelús, lo confieso, era muy bebefóbico, incluso un poco bebecista.

Eso ha tenido que cambiar a la fuerza. ¿Qué hacer en estos casos? ¿Acaso debe la pareja renunciar a salir por ahí? Qué buen lector eres. Siempre haces la pregunta adecuada. La respuesta llega en un lustroso y certero...

Blanconsejo

No se renuncia a salir a cenar. Eso jamás. Recordemos esto muchas veces si hace falta. Has tenido un hijo, no estás enfermo. Tienes que hacer lo posible por hacer una vida tan normal como te sea posible. Si quieres salir a cenar, sal a cenar. Eso sí, hay que preparar el asunto. Ya no se puede improvisar. Salir a cenar necesitará más preparación que las citas de *Mujeres y hombres y viceversa*. A partir de ahora el niño manda. Él elige el sitio. No es que él busque en Google y os diga: «Me han hablado de un restaurante monísimo en el parque, deberíamos ir». Si a los ocho meses hace eso, llevadlo a la tele. Lo que sucede es que tenéis que mirar previamente las características del lugar al que vais a ir. ¿Tiene trona para que se siente el niño en la mesa? Más que nada porque, creedme, no querrá estar todo el rato en su cochecito. Ésa es otra. ¿Hay sitio para el cochecito del niño? No en todos los restaurantes lo hay. Y por último, ¿qué tipo de lugar es? Esta pregunta es importante. Nosotros una vez nos metimos con Martín a cenar a un sitio que no conocíamos y cuando ya estábamos allí nos dimos cuenta de que era un lugar de esos súper relajantes con comida zen y música oriental. Efectivamente, Martín les dio a todos los clientes la «zen-a» menos relajante de su historia. Conclusión: id a un sitio conocido y de confianza donde no haya bebefobia ni bebecismo. Y otra cosa más, llevadle mil juguetes. Si es necesario, mientras estéis cenando sepultad al niño en sus juguetes favoritos. Es una metáfora, pero se entiende, ¿no?

Otra opción que se plantea en esos momentos en los que el niño ya es capaz de generar un conflicto internacional con sus gritos, pataletas y demás es ir a cenar solo y dejar al niño con alguien. Mucha gente se ofrecerá a quedarse con él. Amigos, familiares, vecinos, políticos en campaña electoral. Todos quieren a tu bebé, pero...

 Habrá gente a la que aprecias mucho y no quieres dejarle ese marrón.

 Te encontrarás con que eres muy exigente y no eres capaz de dejar a tu criatura con cualquiera.

 Habrá gente de tu confianza, que sabes que lo harían estupendamente, amigos cariñosos,

148

atentos, que quieren mucho al niño, pero que sabes que a los 10 minutos de salir de casa ya te estarían llamando para pedirte que vuelvas, por favor. No es culpa suya. Esto es como tirar un penalti en un partido de fútbol. Parece fácil, pero luego no todo el mundo se atreve.

Es posible que recurras a alguna de estas opciones en algún momento de desesperación, pero ocurrirá muy pocas veces. Las estrellas en estos casos son, sin duda alguna, los abuelos. El tema abuelos lo podríamos tratar, pero ya escribiré un libro entero sobre el particular dentro de unos 30 años, cuando Martín me dé un nieto.

Pero ¿qué pasa si los abuelos están lejos, como me pasaba a mí y os pasará a muchos de vosotros? Pues muy fácil, lo veréis en el siguiente capítulo.

Si es que me gusta darle vueltas a todo hasta escribiendo.

16

De la Mary Poppins a la de «la he liado parda»

El nombre de este capítulo creo que puede darte una idea de lo que vamos a hablar a continuación. Mi odisea para encontrar niñera se podría comparar con la que viví buscando a mi pediatra ideal. Ya os conté la tortuosa búsqueda del amor de mi vida, perdón, de mi médico-media-naranja. La de la niñera no se queda corta.

Para empezar, partimos de la base de que estás decidiendo qué desconocido entrará en tu casa y se hará cargo de tu bebé mientras tú no estés. A riesgo de parecerte más viejo de lo que soy, compartiré contigo el recuerdo de una película llamada *La mano que mece la cuna*. Me dejó traumatizado. Era la historia de una niñera, interpretada por la guapísima Rebecca De Mornay, que intentaba asesinar a todo Dios. Resumiendo, es eso básicamente. Recuerdo estar viendo esa película y pensando: «Yo nunca contrataré a una niñera». Pues toma, al final si me descuido contrato a varias. Di muchas vueltas hasta que encontré la ideal, esa niñera que sabes que va a tratar a tu hijo de maravilla, que va a disfrutar de su compañía y lo va a cuidar como si fuera suyo. Y lo que es más importante, que no nos va a matar a todos. Este requisito último es fundamental para mí.

Hicimos un *casting* brutal para encontrar niñera. Vimos a un montón de gente. El *casting* fue tan multitudinario que me pareció que se presentaba gente que había visto en *realitys*. Se habrían confundido. O eso, o que la cosa está tan mal que ahora en lugar de montarse un bar de copas, como hacen todos, se quieren dedicar a ser institutrices. Lo dicho, el número de personas que entrevistamos para elegir niñera ni lo recuerdo. Creo que está entre 23 y 10.000 más o menos.

¿De dónde salían estas personas? Pues esto es algo que yo desconocía, pero existen cientos de webs especializadas en este tipo de actividades. Y os diré una cosa, la competencia es voraz. Hay veces que encuentras a una niñera que se adapta perfectamente a todo lo que buscas y resulta que te la han quitado.

Otra familia se ha adelantado y la ha fichado antes que tú. Lo de las niñeras es como el mercado de fichajes de verano en el fútbol: si no consigues una buena, tienes que esperar a diciembre a ver si la niñera estrella de la liga alemana se queda libre y la puedes fichar.

De todas las que vimos y entrevistamos para que se hicieran cargo de Martín cuando no estábamos voy a destacar algunas que me llamaron mucho la atención. De este modo, os hacéis una idea de cómo está el patio.

Las que parecen ideales y luego van y la cagan

Parece un chiste, pero esto sucede. La jovencita vivía muy cerca, a menos de cinco minutos andando, o sea que tenía disponibilidad absoluta para acercarse a casa ante cualquier imprevisto. Bien, muy bien. Apariencia normal. Bien vestida, ordenada y limpia. Bien, muy bien. Pregunta de mi chica: «¿Qué haces en la vida?». Respuesta de la chica: «Soy estudiante, y soy niñera porque tengo mucha facilidad para dormir a los niños, y mientras ellos duermen yo estudio». Cagada. Mal, muy mal. La chica había confundido mi casa con una biblioteca.

La Mary Poppins de 20 años

Apariencia: demasiado arreglada. Vino vestida de institutriz. Conversación con cagada también. Su estrategia para conseguir el trabajo fue relatarnos pormenorizadamente un informe de actividades que tenía preparadas para el niño. Además nos prometía un informe más detallado aún sobre todo lo que el niño habría hecho cada día y una previsión de lo que debía hacer al día siguiente. Yo me cagué encima. Estar media hora con esa tía es lo más cerca que he estado de hacer la mili en mi vida. Niñera sargento: mal, muy mal.

La descuidada

No voy a decir que fuera igual que aquella famosa socorrista que la lio parda, porque no lo era, pero a mí me lo pareció. Llegó tarde a la entrevista. Mal. Apariencia: vamos a decir que su aspecto era más o menos el que tienes cuando vas al trabajo después de una noche de juerga y por cosas que pasan no te ha dado tiempo a ir a casa a ducharte. O sea mal, muy mal. Conversación: en principio bien, muy bien. «Me encantan los niños, adoro jugar con ellos. Creo que la energía alegre que reciban de pequeños les hará ser más felices en el futuro». Mi chica y yo nos mirábamos como pensando: «¿Y si le decimos que se duche aquí en casa y vemos qué tal está limpia?». Mientras mi pareja y yo nos decimos estas cosas con la mente, la muchacha se acerca a la cuna en la que estaba Martín y suelta: «Mira el niño, ¡qué mono! Así dormidito... Así no molesta». ¿Molesta? ¡Mi hijo te molesta! Aquí lo único molesto es tu olor. Lárgate. Mal, muy mal.

La pasota

Con ésta acabaré rápido. Apariencia normal. Puntualidad, bien. Conversación, mal, muy mal. Estuvo en mi casa 30 minutos y en esos 30 minutos ni me preguntó cómo se llamaba el niño, ni si era niño, niña o alien. Le daba igual. Sólo le interesaba la pasta, el horario y el calendario laboral. Resultado: ¡a tu casa, pasota!

La perfecta

Genial, ideal, educada, bien vestida, limpia, simpática, joven, súper cariñosa con el niño. Le preguntamos por su experiencia como niñera. Respuesta muy buena: «Soy la mayor de siete hermanos y los he cuidado a todos». Brutal, ¿no te parece? Hay más. Era estudiante de medicina. El médico en casa. Conversación perfecta. «¿Qué harías con el niño?». «Yo, jugar, hartarme a jugar con él hasta que nos cansemos de reírnos». Yo estaba al borde del éxtasis. Problema: nos la quitaron. Así, como suena. Llegó otra familia con una oferta mejor y nos la quitó. Hay gente que no tiene corazón. Había que esperar al mercado de invierno.

Éstas son algunas de las que entrevistamos, pero ya os digo que hubo muchas más. Hicimos tantas entrevistas que hasta he desarrollado un consejo para que sepáis qué se debe preguntar para saber si la niñera es la correcta.

Blanconsejo

Prepárate la entrevista para que no te lleves sorpresas. Es importante que obtengas la mayor información posible de la persona que tienes delante. En primer lugar, déjalas hablar, que ellas o ellos te cuenten de dónde son, qué hacen. Su forma de hablar y lo que te digan te dará mucha información. Una vez que ya se han presentado, ten preparadas unas preguntas del tipo

¿qué harías con el niño en esta situación? Cuando te responda piensa si tú hubieras hecho lo mismo. Ponla en contacto con el niño. Es interesante ver cómo reaccionan el bebé y la niñera. Se tienen que caer bien al instante. Y por último, si te quieres poner un poco sádico, ponla en una situación límite imaginaria. Dile qué haría si le pasara algo malo al niño. A ver qué te cuenta. Puede que te gusten sus respuestas o puede que no, pero realmente nada de eso importa demasiado. Lo sé, ¡qué chorrada de consejo! Pues no, tu deber es asegurarte de que tienes toda la información posible, aunque al final hay algo que no está en ninguna pregunta, pero que te dará la respuesta que buscas. Se llama feeling. Algo que hace que todo fluya. Una sensación que es más poderosa que las posibles respuestas erróneas que te haya dado durante la entrevista. Una vez más mirarás a tu pareja y sin hablar os diréis con la mente, a lo Sergio Dalma: «Esa chica es mía». Perdón, desde que trabajo en Cadena Dial no soy el mismo. Lo que os diréis telepáticamente es: «He aquí la niñera de nuestro bebé».

17

Más fuera que dentro

En algún sitio leí que cada tres meses en la vida de un recién nacido se producen cambios muy sustanciosos en sus comportamientos. Es como si cada tres meses fueran a un sillón de esos de *Matrix* y un informático les metiera un programa nuevo y el bebé dijera: «Hale, ya sé hacer esto o lo otro». Contado así parece bastante increíble, pero cuando vuelvo la vista atrás me da un poco de vértigo lo rápido que aprenden y asimilan todo. Son máquinas perfectas. De estar nadando en un mar de líquido viscoso, pasan a hacer todo lo que hacen sólo nueve meses después. Es un viaje increíble y tú has sido un espectador en primera fila. Más lo que te queda. Un día caí en la cuenta de algo que me hizo mucha ilusión. Es una chorrada. Pensé:

estamos en el noveno mes y eso quiere decir que el bebé ya lleva más tiempo fuera de la barriga de su madre del que estuvo dentro. ¿Significa algo? No creo, pero me resulta curioso, y los hombres no seríamos hombres si de vez en cuando no compartiésemos reflexiones que no conducen a nada.

Volvamos al tema de los cambios drásticos en el comportamiento del pequeñ@. A los tres meses de nacer empezaba a mover el cuello de una forma algo consciente y emitía sonidos un poco más reconocibles. A los seis meses se puso de pie por primera vez sin ayuda de nadie y le empezaron a salir los primeros dientecitos. Pues bien a los nueve meses la cosa sigue poniéndose interesante.

Tu hijo ya no es un bebé. Tu hijo es una persona. Es en este momento cuando vas a empezar a disfrutar como un descosido de la paternidad. Te vas a volver más loco que Rajoy con los recortes. Es ahora cuando vas a flipar y te vas a sorprender a ti mismo llorando de alegría cuando empieces a ver las cosas que va a hacer tu hij@. A los nueve meses tu nivel de comunicación con el bebé es muy alto. Por supuesto todo es muy gradual pero ahora vas a empezar a jugar de verdad. Vas a notar cómo tu hij@ te reconoce, cómo se ríe contigo. Cómo nota tu ausencia. Hay una manera muy concreta de darse cuenta de estas cosas. Es el juego más simple del mundo, pero tengo un recuerdo muy feliz de cuando fui niño y me ha hecho muy feliz siendo padre. Se trata del escondite. El de toda la vida. Te pones delante de tu bebé, te tapas la carita y dices: «¿Dónde está papá?». Y va el bebé y te señala entre risas. Bueno, bueno, no puedo describir con palabras lo que es ese momento. Imagino que podría decirte que es una de esas cosas que te hacen sentirte padre, y eso es muy grande. Más grande que ganar un Mundial de fútbol, o que un millón de euros, o que una noche de pasión con Jennifer Aniston. Sentir que tu hijo está jugando contigo, que es feliz y que sabe que eres su padre es mejor que cualquier cosa buena que te puedas imaginar. Y la cosa no acaba ahí, lo habrás oído cientos de veces, tu bebé es una esponja. De hecho es *Bebé Esponja*. No para de aprender, de absorber.

Te darás cuenta de que ya entiende el «no». Se acerca a cosas, dices «no» y ves que se da la vuelta y se va. Otra vez vuelves a alucinar. Pero, ya te lo digo desde ahora, no te flipes demasiado. Que lo entienda una vez y te haya hecho caso no quiere decir que te vaya a entender o hacer caso siempre. Si esto fuera así de fácil no habría programas de adaptación para adolescentes conflictivos y, sin ir más lejos, a ti no te habrían castigado de joven mil veces por hacer lo que te daba la gana. Y mejor que sea así. No es que yo quiera tener un hijo conflictivo, pero tener un hijo que es como un súper robot obediente me da casi más miedo. En fin, el tira y afloja de padres e hijos es parte del encanto de ser papás, ¿no? Pues ese pulso empieza ahora, empieza la etapa «NO».

El renacuajo ya es independiente, o sea que ya se mueve solo, gateando, ya coge cosas, ya entiende algunos mensajes y ya ha vencido lo que contaba más arriba del reflejo de extrusión. Y vaya si lo ha vencido. Se lo va a llevar todo a la boca. Es como una especie de *Sex Bomb* pero en bebé. Cosa que encuentra por donde vaya, cosa que se lleva a la boca. Por eso digo que entramos en la era del NO. A partir de este momento te vas a aburrir de decir dos palabras prácticamente unas 3.000 veces al día. Son dos palabras mágicas que se convertirán en las más utilizadas. «ESO NO». Hay padres que utilizan variantes un poco extrañas. Yo recuerdo que alguna vez he visto a gente que cuando la criatura se llevaba algo a la boca que no tocaba le decía: «ESO ES CACA». No sé yo si me acaba de convencer esta fórmula de la caca. Creo que es meter un poco de confusión en el niño. Si todo es caca, ¿qué es la caca de verdad? Puede darse el caso de que el niño se piense que el mando de la tele es caca y luego le dé miedo ir al baño a hacer sus necesidades por miedo a que le salga del culo el mando del DVD. Puede ser, aunque esperemos que no. Por este motivo yo apuesto por el «ESO NO». Yo, y muchos educadores amigos míos, nada partidarios del nuevo sistema educativo, que eran más de la EGB de antes y siempre dicen «ESO NO». Pero ése es otro tema.

La costumbre de meterlo todo en la boca es un poco dramática, la verdad, porque aunque a priori a veces pueda parecer un gesto muy tierno y muy gracioso, en algunas ocasiones se puede convertir en algo peligroso. Y cuando digo que se lo llevan todo a la boca me refiero a todo.

Cosas que mi hijo se ha intentado meter en la boca, en algunos casos con éxito:

— El mando de la tele

— La tele entera. Ha chupado la tele cientos de veces

— El mando de la minicadena

— La minicadena entera

— Tres kilos de tierra del parque

— Algún excremento de perro

— Algún perro pequeño

— La mano de algún amiguito del parque

— Un aspirador

— El zapato de un amigo que vino a casa.

Y éstos son sólo algunos ejemplos. Así fue como aprendí la importancia de ese mensaje que tantas veces hemos leído en nuestra vida, y nos ha parecido un poco exagerado: «Manténgase fuera del alcance de los niños». Yo creo que el inventor de este mensaje fue un padre primerizo que se encontró a su bebé intentando comerse la casa entera, con familia y productos químicos incluidos. Es que, de verdad lo digo, son unas fieras. Un bebé de nueve meses se cruza en el océano con un gran tiburón blanco y sale huyendo el tiburón.

Ante esta situación poco se puede hacer. En definitiva, quiero decir que por mucho que extremes las medidas de seguridad, cosa que debes hacer, por mucho que estés ultra pendiente del pequeñ@ cada segundo, cosa que también debes hacer, por mucho que hagas estas cosas, un kilo de tierra se va a acabar metiendo en su boca sin remedio.

Mi hijo nos sorprendió un día con un delicioso manjar a base de crema Aftersun y un poco de barro. ¿Qué os parece? Qué buen maridaje, ¿verdad? Oye, a lo mejor, así empezó Ferran Adrià con su famosa cocina creativa. Ahora hablando en serio, estad muy al loro de todo lo que coja y se lleve a la boca, pero siempre teniendo presente que está en la época en que intenta llevárselo todo a sus fauces. Lo hace porque está aprendiendo a usarlas. Y tú, como yo, querido padre primerizo, sabes que cuando empiezas a aprender a usar algo, tienes ganas de usarlo todo el rato... ¿O no? Eso sí, siempre con precaución. Ahora hablaba del bebé.

Sigamos hablando de precauciones, de cosas que no se deben tomar a la ligera. Una de ellas tiene que ver con el futuro educativo del niño. Sí, a lo mejor te parece que me estoy precipitando un poco, pero ya es hora de decidir qué carrera va a estudiar. Es broma, no hay que ir tan por delante, pero sí que hay que empezar a pensar en su primera experiencia educativa, la guardería.

Algunos niños ya han ido a la guardería antes del mes nueve, pero como siempre digo, éste es un diario de mis vivencias y a través de ellas os cuento lo que es ser padre primerizo, o lo que ha sido para mí. Así que yo empecé a buscar guardería en aquel momento. Y tengo que decir que una de las mejores decisiones que he tomado en mi vida fue la de buscar guardería con tiempo. Existen millones de opciones. Hay más tipos de guardería que de helados en Häagen Dazs. Es una barbaridad. Las hay de todas las clases y colores. Tienen sus propias especificaciones y reglas internas. Es un cirio muy serio. Por eso recomiendo que no se haga de un día para otro. Es más, de haberlo sabido hubiera empezado a buscar guardería para Martín antes de echar el polvo del que vino.

Buscar guardería es como buscar un piso. Verás millones de fotos por Internet y luego la realidad te enseñará que las fotos por Internet son un mundo paralelo que no refleja en absoluto lo que de verdad tienes delante de tus narices. Por ejemplo, por Internet, una foto de Sarah Jessica Parker, la de *Sexo en Nueva York*, la muestra como una mujer elegante y sexy. En persona es un caballo jerezano con ganas de salir a correr al campo. Yo creo que se ha entendido el ejemplo. No te fíes de la foto. Ve a ver la guardería, porque si no, te puedes encontrar con...

Guarderías que dan miedo. Guarderías que parecen barracones del ejército. Guarderías que tienen tanta mierda que deberían llamarse guarrerías. Guarderías en las que los niños están más desatendidos que uno de IU en el Congreso. Guarderías que son tan pequeñas que los niños están como metidos en un armario y cuando llega la hora de la comida salen del armario. Y es demasiado pronto para eso, ¿no? Guarderías para superdotados, donde tu niño no va a jugar, va a descubrir el secreto del Big Bang antes incluso de saber decir «Big Bang». Guarderías que sólo a simple vista ya tienen elementos peligrosos por todas partes. Una vez estuve viendo una que en lugar de una guardería parecía un museo medieval de torturas.

En fin, hay muchas clases y muchos tipos. Las hay privadas con un montón de extras que suben el precio hasta el infinito. A estas guarderías *full equip* sólo les falta tener airbag y climatizador. Mucho cuidado con estas guarderías, porque empiezan a preguntar si quieres que el niño esté a jornada completa, con servicio de comidas, con servicio de transporte, con calendario laboral de los padres o calendario escolar de los niños, y cuando llevas un rato diciendo sí a todo, resulta que ves la factura y piensas, «pero esto incluye ya la universidad, ¿no?». Así que, como diría un señor culé que se va mucho de fiesta, y se lo pasa como un niño en la guardería del champán, ¡al loro!

Para despedir este capítulo me gustaría que me ayudara mi hijo Martín. Un segundo. Martín, ven aquí con papá. Aquí viene. Hola Martín. Mira, te presento. Lector, Martín, Martín, lector. Bueno, una vez hechas las presentaciones me gustaría que le hicieras a este señor lo que te enseñé cuando tenías más o menos nueve meses. No, eso no, maleducado. Perdón, ha hecho el *fuck you*. Eso no se lo enseñé yo, lo habrá visto en la tele. Di adiós con la manita a los señores. Adióoooos. Eso es... así. Adióooooss. Ahí está. Os lo está diciendo. Venga, ve con mamá. Gracias por tu ayuda. Ya se ha ido. Es más mono... Un día me lo voy a comer sin que se entere la madre.

Pues sí, a los nueve meses de vida mi hijo dijo adiós con la manita por primera vez, es otra de esas maravillosas primeras veces. La verdad es que nos pasamos mucho tiempo enseñándole eso. Lo de que den palmas y que digan adiós nos obsesiona a los padres de todo el mundo. No sé el porqué pero seguro que tiene alguna explicación antropológica. También os digo que no es fácil que la criatura utilice el adiós con la manita, y antes de hacerlo bien se puede tirar meses moviendo el brazo entero para despedir a alguien. Podéis esforzaros en corregirlo, pero lo hará cuando quiera y como quiera. La primera vez que mi hijo dijo adiós con la mano fue a su abuela. Hasta ahí todo bien, la única pega es que se lo dijo 10 minutos después de que la abuela se hubiera ido.

Mira, aquí vuelve. ¿Qué quieres ahora, Martín? Voy, voy, ya voy a por el siguiente capítulo. Di adióoooos. Eso es. ¡Muy bien! ¡Qué mono es! Decidido, hoy me lo como. No se lo digáis a mi mujer.

18

Llevo un «décimo» y no es de lotería

Estamos en un instante crucial. Si esto fuera una película de espías nos hallaríamos ante el clásico momento en el que el protagonista tiene delante de sus narices una bomba y la tensión es máxima. Tiene que desactivarla en menos de 20 segundos o toda la ciudad de Nueva York saltará por los aires. Es uno de esos momentos que definen lo que pasará a continuación en la vida de las personas. Vale, ahora cambia la bomba por tu bebé y la ciudad de Nueva York por tu casa. Tu hij@ está a punto de convertirse en una bomba. No tiene nada que ver con su alimentación ni con sus gases, que por cierto a estas alturas ya habrás descubierto que pueden ser huracanados. Estamos hablando de otro asunto más peliagudo.

Ya sabe desplazarse. Primero empezó a reptar, luego vinieron los gateos, un poco más tarde llegaron los intentos de ponerse en pie apoyado en cualquier cosa. Pues bien, ahora toca mover las piernas. Tu hijo ya va a empezar a andar, a andar apoyándose en objetos, pero andar al fin y al cabo. Sobre el papel y en el momento pensarás que eso es lo más maravilloso que te ha pasado desde que hace 19 meses tu chica y tú estabais delante de un predictor. Y sí, por supuesto que es un momento precioso que hay que disfrutar, grabar en vídeo y recordar para siempre. Te emocionarás, te sentirás muy orgulloso de él/ella y tu sonrisa será más grande que la del logo de las patatas fritas. Todo esto está claro y es lo normal, pero yo estoy aquí para adelantarme a los acontecimientos y ponerte sobre aviso de las cosas que van a pasar.

Ojo, padre primerizo, mucho ojo. Estás al borde del abismo. Desde el momento en que empieza a andar apoyándose en las cosas hasta el momento en que empieza a andar solo no hay mucho tiempo. Y cuando eso suceda, tu vida dejará de ser igual para siempre. Dejarás de ser fulanito de tal, amigo de no sé quién y novio de no sé quién más. Toda tu identidad cambiará para siempre. Ya no serás el hijo de tus padres, ni el marido de tu mujer, ni el compañero de curro de nadie. Cuando tu hijo empiece a andar serás: «Ese que va agobiado detrás de un niño todo el día». Para abreviar un poco nos he bautizado, a los que vamos agobiados detrás de nuestro niño todo el día, como los *pedos mochileros* de nuestros hij@s. Sí, porque es como si ellos se tiraran un pedo y ese pedo los acompañara allá donde fueren. Ese pedo somos nosotros, los padres. Yo sé que la gente normalmente se suele impacientar si ve que su hij@ está tardando un poco en desarrollar sus habilidades locomotrices y le cuesta un poco andar. Muchos padres van al pediatra preocupados. «Es que mi hijo tiene 10 meses y todavía no hace ademanes de andar». Queridos padres preocupados, no tengáis prisa. Cuanto más tarde ande, mejor. Lo digo por vuestra salud física y mental. Pensad que donde él anda, tú vas a correr. En un mes es probable que hagas los mismos kilómetros detrás de tu criatura que un marroquí de los que se hacen seis maratones al año. Como decía el gran poeta Antonio Machado: «Caminante, no hay camino, se hace camino al andar persiguiendo a tu hijo».

Lo de andar, o mejor dicho, estos principios de independencia en la movilidad, tiene otra consecuencia bastante poderosa que cambiará hasta el aspecto de tu casa. Y aquí empieza otra pesadilla. El bebé no se estará quieto ni un momento, ni un momento en absoluto. Se va a mover más que la dentadura de la duquesa de Alba. Va a intentar llegar a todo, cogerlo todo, destrozarlo todo. Un poco como el Eurogrupo en España, pero en modo bebé. Todo estará a su alcance y lo alcanzará todo. Y si no llega a algo, se las ingeniará para conseguir tirarlo. Es como si tuviera poderes telequinésicos. El típico jarrón que está arriba, en una estantería, y es imposible que lo alcance, lo alcanzará. Conclusión, tienes que preparar tu casa para la batalla. O eso o vivir en una especie de celda de psiquiátrico en la que no hay ni un solo mueble y todas las paredes y el suelo están acolchados.

Lo del psiquiátrico sería una opción un poco tétrica, por lo que lo más recomendable es asegurar la casa. Si estuviera en la radio, ahora mismo aprovecharía para colarte una mención publicitaria de una compañía de seguros, pero no es el caso. Lo que debes hacer es llenar tu casa de protecciones. No hablo de forrarlo todo con preservativos, porque entonces no sería una casa, sería un burdel. Y no es plan.

Lo que sucede es que el pequeñín tiene las tendencias suicidas que van con la inconsciencia. Él/ella no sabe los peligros que entrañan sus movimientos. No sabe que se puede hacer daño con esa pata de la mesa, o que se puede caer y darse en la cabeza con la esquina del mueble de la tele. Para evitar este tipo de chichones varios hay que reforzar la casa y ponerla a prueba de caídas. Existen muchas opciones en el mercado. Hay todo tipo de productos para acolchar o esquinar muebles, mesas, sillas, neveras, electrodomésticos, la abuela... Todo puede y debe estar acolchado porque, insisto, va a intentar, sin quererlo, darse un tortazo contra todo. Hay familias con niños de diez meses que tienen la casa con más seguridad que el Pentágono. Antes la lía un tío de Al-Qaeda accediendo a la Casa Blanca, que la lía el bebé en esa casa. Pues ya os digo ahora que por muchas medidas de seguridad, por muchas protecciones que pongáis en cada rincón, si no estáis pendientes cada segundo del muchach@, por lo menos un chichón se hace. Seguro. Estoy más seguro de eso que de que tengo la nariz grande. No te digo más.

Nuestra casa estaba súper reforzada con todo tipo de elementos y a pesar de eso hubo alguna semana que mi hijo se dio tantos golpes y tenía tantos chichones que parecía Sloth el de *Los Goonies* en pequeñito. Lo normal es que un niñ@ se caiga y se haga chichones, asumámoslo. Tomemos precauciones, pero asumámoslo.

Hay una cosa que empecé a utilizar en mi casa que fue una solución infalible. El número de siniestros bajó considerablemente. No se trataba de protecciones para ninguna esquina ni ningún objeto peligroso. Era más simple que todo eso. Un día, observando al crío mientras hacía sus fechorías por el salón me di cuenta de que el 90 por ciento de sus trompazos eran consecuencia de resbalones. No tienen el equilibrio muy asentado y los suelos para ellos son tremendamente deslizantes. ¿Qué hice? Le compré unos calcetines que en las suelas llevaban como unas bolitas de un material con un agarre espectacular. Y oye, ya casi no se caía. Luego he descubierto que ese mismo material lo usan los de Ferrarri en los neumáticos de Fernando Alonso. Sí, mi hijo tiene más agarre que un F1.

Todo este asunto de las medidas de seguridad y la súper precaución, lo de ir todo el día detrás del bebé para que no le pase nada, desemboca en uno de los momentos más mágicos de la paternidad. Otro más. Ya te lo dije, en los últimos meses del año hay todo un maratón de emociones. Un día, sin venir a cuento, mientras tu hij@ va de un lado a otro intentando reventarlo todo, el niño te encuentra a ti como punto de apoyo. Te coge las manitas, te mira a los ojos y entonces tú, poco a poco, empiezas a andar hacia atrás y tu bebé, esa cosa viscosa que salió de tu pareja, te sigue. Estás andando con tu pequeñ@. Padre e hij@ caminando juntos mientras los dos sonríen babeando. Uno porque está en la edad de babear, el otro porque estas cosas hacen que se le caiga la baba a cualquiera. Fue otra de esas veces en las que pensé: «Normal, que a pesar de todo Darth Vader quisiera recuperar a su hijo. Esto es lo más grande». He estado haciendo recuento de las veces que he llorado en el primer año de vida de Martín y creo que con tantos lagrimones podría llenar tres cubos. Pues bien, medio cubo está lleno con este momento.

Un segundo por favor.

¡Martín, deja ese libro, que es de mamá! ¡Martín, no toques el mando de la tele! ¡Martín no pongas Intereconomía, por favor! Madre mía, cómo está el chaval de revoltoso. Me lo voy a tener que llevar al parque.

¡Ay, el parque! El parque no es un parque. El parque es un mundo lleno de peligros. Todos los parques deberían llamarse Parque Jurásico. Un lugar lleno de animales primitivos que se comen todo lo que pillan a su paso, que luchan entre ellos por sobrevivir y que se ponen de barro hasta las orejas.

La segunda semana del mes diez llevamos a nuestro hijo al parque por primera vez. Íbamos cargados de ilusión. Nuestro pequeño se iba a relacionar socialmente, iba a jugar con otros niños, iba a destrozar otra cosa que no fuera nuestra casa. Todo eran buenas noticias. Eran buenas noticias hasta que llegamos al parque. Primera impresión, los hijos de los demás son siempre unos maleducados y unos malcriados. Siempre. El parque es un lugar sin ley. Un paraíso para los bebés delincuentes. Un oasis para los niños salvajes. Los niños que vimos en aquel parque eran ladrones, pegones, abusones, y en definitiva eran sólo un poco mejores que los políticos, que ya es mucho decir. Lo peor no es eso, lo peor es que luego me he estado informando y he estado en otros parques y resulta que es así en todos. Por eso digo y repito que el parque es la *Jungla de Cristal* y tu hij@ tiene que ser Bruce Willis.

El parque es un lugar nuevo para la criatura, pero también lo es para ti como padre. Por supuesto, yo había visto parques infantiles antes, pero nunca había tenido que lidiar con los padres de los demás niños.

Problemas con los que te vas a encontrar:

El hijo de otro le quita el juguete al tuyo y el padre del ladrón no le dice nada. ¿Qué haces? ¿Te bates en duelo al atardecer por el honor de tu hijo?

Y algo que hay que pensarse bien, ¿te bates en duelo con el padre del niño ladrón o con el niño ladrón directamente? Lo mejor es que le digas al padre algo. Seguro que, si no es un delincuente, hará a su hijo ladrón devolverle el juguete

Este segundo problema fue muy duro para mí. Yo soy una persona agradable y me gusta hablar con la gente, pero lo de los padres en el parque es exagerado. Se te acercan todos. Hasta gente que no estaba en el parque viene sólo para cotillear. Ya pueden estar sus hijos a punto de morir en un tobogán que a ellos lo que realmente les importa es saber quiénes son estos padres nuevos. Lo digo desde el más absoluto respeto y cariño, pero el simple hecho de que yo tenga un hijo y tú también no nos convierte en amigos. Te preguntan por tu vida, te cuentan la suya entera y no los conoces de nada. Por poner un ejemplo, eso es como si en un semáforo, como yo tengo coche y tú también, aparcáramos los dos y nos contáramos las vidas respectivas. No lo hacemos, ¿verdad que no? Pues ya está.

Después de varios intentos en el parque para que tanto el pequeño como nosotros disfrutáramos, nos dimos cuenta de una cosa que saben los grandes guerreros. Si no puedes vencerlos, únete a ellos. Quieras o no lo acabarás haciendo. Es como si fuera contagioso. Al final, mi hijo a veces les quita juguetes a otros y yo he quedado con padres a los que he conocido en el parque y les he contado mi vida. Ten claro que lo acabarás haciendo. Deja de soñar con un mundo en el que todo es paz y tranquilidad porque en ese mundo no habría parques infantiles. Es hora de poner los pies en la tierra.

Y hablando de tierra, en los parques hay mucha. Y como ya sabes, tu hij@ querrá, o bien comérsela toda, o echársela toda por la ropa. Los parques son como el restaurante rápido de los niños. Llegan y se ponen las botas a comer. No son sitios de recreo y juego, son el McTierra. Es bueno que lo sepas para que no le pongas ropita nueva a tu bebé para ir al parque. Yo no me lo creía, pero lo de los anuncios de la tele es verdad. Un niño puede llegar a casa como si viniera de caerse en la piscina de barro de *Humor amarillo*. Y esto me deja con una pregunta para ti: ¿Qué tal es tu lavadora? ¿Regularcilla? Pues cómprate una nueva. ¡La vas a usar mucho!

19

El del «once» siempre toca

Saber que estamos llegando al final del viaje me da un poco de pena, la verdad. Escribir todo esto para que tú lo leas ha sido un gran ejercicio para mí. Una especie de álbum de fotos que mi memoria ha ido colocando en su sitio al recordar cada párrafo, cada frase, cada anécdota de esta aventura que yo he vivido y que me alegro mucho de que tú también vayas a vivir. Y dicho esto, vamos a por los últimos acontecimientos. El mes once. ¡Madre mía, el mes once! Son miles de cosas, pero haré un esfuerzo para resumirlas todas y que te puedas ir a dormir después de haber leído este capítulo y no lo dejes a medias. Empecemos.

Te vas a sentir como un imbécil. Toma, la primera en la frente. Empezamos bien, insultando. No te ofendas, es que es verdad, tu hij@ va a hacer que te sientas un poco imbécil. Por lo menos así me sentí yo y como de generalizar vive el hombre, pues voy a generalizar. Resulta que todo el mundo te dice que en este momento de la vida del niñ@ ya es fundamental que empiece a oír un vocabulario rico para que su cerebro vaya recopilando conceptos. Nunca hay que hablar a los bebés como si fueran tontos, pero reconozcamos todos que lo acabamos haciendo de una manera u otra. Todos conocemos o hemos vivido momentos en los que unos padres les decían a sus hijos: «¿Quieres comer chicha?», cuando lo que querían decir era «¿quieres comer carne?». O incluso sabemos de padres que, como conocen la dificultad de sus hijos para reproducir ciertos sonidos, les dicen: «¿Quieres un vaso de bubua?», cuando lo que querían decir es «¿quieres un vaso de agua?». Estamos de acuerdo en que todos lo hemos visto y ya os digo yo que sin querer lo acabaréis haciendo. Mal, esto no se hace. Esto es caca. Huy, perdón, prometí no usar esa expresión.

La pequeña materia gris de tu hij@ es una máquina de recopilar información. Te sorprenderás al ver lo rápido que asimilan y aprenden todo lo que oyen cuando lleguen a esta edad. Por esta razón hay que empezar a llenarles el coco de vocabulario. Y ahí es donde pinchamos la gran mayoría. Seguro que hay catedráticos de la lengua española que no tendrán este problema, pero me temo que, desgraciadamente porque ellos se lo pierden, no se comprarán este libro, así que no les interesa lo que os voy a contar.

La táctica es la siguiente. Como ya sabes, el bebé se acerca e intenta tocarlo todo. Pues bien, aprovecha y dile qué es lo que está intentando tocar. Se acerca al mando de la tele y tú, en lugar de decir «eso no se toca», dices «el mando de la tele no se toca». Parece fácil, ¿verdad? Ya me lo contarás.

Repito, el pequeño se acerca a todo. Todo es todo. Todo es cualquier cosa. Y ése es el problema. Llegará un momento en el que el renacuajo se acerque a algún objeto cuyo nombre real tú desconoces y te sorprenderás a ti mismo diciendo cosas como: «Eso no, ¿no ves que ésa es la movida que sirve para hacer esa otra cosa?». Todos creemos que esto no nos pasará nunca y sí nos pasará. Todavía recuerdo la cara de mi hijo cuando una vez en la cocina se acercó a un utensilio y yo le dije: «No, eso no, que con esa movida tu madre y yo recogemos los huevos fritos de la sartén». El pequeño me miró con una cara como pensando «¿de verdad ése es el nombre del artilugio?». Sólo le falto añadir: «¡No jodas papá!». Y esta situación se repitió más veces, bastantes más veces de las que yo hubiera querido.

Querido padre primerizo, te recomiendo un ejercicio. Cuando tengas un rato, date una vuelta por tu casa e intenta poner nombre a todo lo que tienes. Seguro que hay cosas que no tienes ni idea de cómo se llaman. Me apuesto el coste de este libro. Mejor, ve a mirar ahora. Yo te espero aquí. (Minutos musicales: en mi cabeza suena *Viva la vida* de Coldplay hasta que vuelvas). ¿Ya estás aquí? ¿Qué? Un huevo de cosas, ¿eh? ¡Lo sabía! De aquí a que tu hijo tenga once meses, mira si tienes tiempo para estudiarte el diccionario.

Vamos con más cosas. ¿Qué dices? Es verdad, perdona, se llama espumadera. La movida con la que recoges los huevos fritos de la sartén se llama espumadera.

Ahora sí, ha llegado la hora de las despedidas. No entre tú y yo, sino de hablar de las despedidas entre tú y tu hij@. Sobre esta época los niños empiezan a extrañar especialmente. Extrañar quiere decir echar de menos y eso es precisamente lo que va a pasar. Hasta ahora lo normal era que tu bebé pasara de una mano a otra sin mucho problema. En una comida familiar o con amigos, todo el mundo quiere cogerlo un ratillo y él/ella lo acepta de buen grado. En principio no ponen ningún impedimento. El niño está más manoseado que el pecho de una *vedette*. Eso se acabó.

Entramos en la etapa de «quiero con mamá o con papá» todo el rato. Eso es por un lado muy halagador y por otro un absoluto peñazo, porque los padres quieren y deben tener sus encuentros íntimos, y no hablo sólo de lo que tienes en la cabeza. También me refiero a ir a cenar, ir a dar un paseo o, en un caso súper especial, ir al cine. Hay que hacerlo. Hay que volver a ser dos, por lo menos durante un rato. Es sano para la relación, es necesario para que no todo sea «somos padres» y ya está. Antes de ser padres erais pareja y teníais otros temas de conversación y teníais cenas románticas.

¿Cuál es el problema? Pues que ya casi no eres capaz de separarte de tu hij@. Todo lo mal que nos lo hacen pasar a veces y los dolores de cabeza que nos dan, y luego, cuando te vas a cenar por ahí y le dejas con la abuela o la canguro, te sientes mal. Y además de sentirte mal la criatura te hace sentir peor porque cuando te vas de la casa lo más normal es que te monte un pollo de dimensiones gigantescas. Y tú te quedas ahí mirando al niño y a la canguro pensando en que si la *babysitter* se llamara Andrea sería ideal. Le podrías decir: «Andreíta, cómete el pollo que yo me piro».

La clave está en las despedidas. En teoría te tienes que despedir con total normalidad, hacer entender al pequeño que papá y mamá se van y que volverán en seguida. Así de simple. Ésa es la teoría. La realidad es que te buscas tretas para que el pequeño esté entretenido en el momento en que te marchas. «Mira, qué chulo ese juguete, ve a jugar con Andrea». Y cuando el niño se va, tú, en silencio, como si estuvieras haciendo algo malo, te piras. Es como si fueras un ladrón que ha entrado a robar en su propia casa y tuvieras que salir de allí sin que te vieran los dueños, en este caso, el dueño. O sea el niño.

Y la cosa no acaba aquí. Te vas a cenar sintiéndote mal por haber abandonado a tu hij@ y para colmo entramos en un debate interno de la pareja más intenso que uno electoral. Resulta que le habéis dicho a la canguro que llame si pasa cualquier cosa. Lo que sea, tú llámame. Y claro, te vas a cenar, pero miras el móvil cada diez segundos, como si fueras un adolescente que acaba de enviar un SMS a una churri y está esperando que le responda. Esto no puede ser. Si salimos, salimos y nos relajamos. O por lo menos lo intentamos. Por lo menos ésta, una vez más, es la teoría.

Os cuento una historia real. Salgo a cenar con mi chica. Habíamos utilizado una treta, le dimos su juguete favorito y mientras él jugaba con la canguro nos piramos como ratas. Llegamos al restaurante y nada más sentarnos mi chica empieza a mirar el móvil.

—No me llama, ¿pasará algo?

—No, si no te llama es que no pasa nada.

—Ya, pero ¿y si no me quiere llamar por no molestar pero al niño sí que le pasa algo?

—De verdad, relájate, si pasa algo llamará.

—Yo voy a llamar...

Vale, nos detenemos un instante aquí, porque me comunican por línea interna que tenemos un...

Blanconsejo

No la dejes llamar. Si ella llama, se acabó la cena. Uno de los dos tiene que poner un poco de sensatez. Está claro que no se acaba de estar del todo a gusto. La falta de costumbre de estar separados del bebé hace que tengáis ansiedad por volver cuanto antes a ver cómo está, pero igual que el niño se tiene que acostumbrar a que no estará con sus padres todo el rato, los padres tienen que saber que no estarán todo el rato con sus hijos. Es ley de vida. Repito. No la dejes llamar. Si llama se acaba la cena. Es probable que el niño esté llorando, porque es normal que esté llorando. Lo superará, tiene que superarlo. Y dicho esto, seguimos...

—Yo voy a llamar.

—No llames, de verdad, estate tranquila. No pasa nada.

—Ya estoy llamando... No me lo cogen.

—Me estás poniendo nervioso, tía.

—¡Ahora! Hola... ¿Qué son esos llantos? ¿Por qué llora? Vale, vale, vamos para casa. ¡Vamos ya!

Sí, nos fuimos para casa más rápido que sube la prima de riesgo. Habéis leído el blanconsejo, ¿no? Pues eso.

Otro asunto sujeto a polémica que sucede en este mes, y en el anterior un poco, es el de las caídas. Antes nombraba la prima de riesgo. Pues ahora voy a seguir con el símil económico. Los niños cuando están a punto de cumplir 1 año son como la economía española, hagas lo que hagas se caen todo el rato. En el caso de la economía sólo hay una manera de mirar la caída, con cara de susto. En el caso de las caídas de los niños, hay dos maneras de mirarlas. Los niños se caen mucho y en el 99,9 por ciento de los casos no se hacen nada, pero dependiendo de con quién estés la caída supondrá una cosa u otra.

Están los que ven que el niño se cae y reaccionan como si hubieran visto a Pedro Guerra salir de la oscuridad. Un grito de pavor sigue a una cara de preocupación que hace que el niño se asuste más. Por lo tanto, al final el niño llora por el susto más que por el daño que se haya podido hacer. Mal, no mola la gente que exagera.

Lo correcto sería normalizar la caída. Miras, con mucha calma, que el niño no tenga nada y acto seguido le sonríes y le dices que no pasa nada y que vaya «a seguir jugando». Ojalá esto se pudiera aplicar a los problemas de los adultos. Pierdes tu trabajo, llega tu madre, te mira, te dice que no pasa nada y hale, «a seguir jugando».

Y nos vamos a ir con una primera vez que es «acojonante». Así, sin más. No hay nada que uno recuerde más que el primer beso a una chica, ¿no? Pues hay otro beso que recordaré toda mi vida. El primer beso que me dio mi hijo sin que yo se lo pidiera.

Igual que le pedimos que dé palmitas y diga adiós con la manita, le demandamos que dé besos a todo el mundo, y casi nunca los da. Cuando Martín tenía casi 1 año, con 11 meses y pico, lo tenía en brazos y al acercarle la cara me dio un beso. El beso más baboso y asqueroso que os podáis imaginar. Era como un beso del muñeco de alien con hambre, ahí, salivando. Pero fue el primer beso que me dio mi hijo y no lo olvidaré jamás.

Hay gente que se emociona recordando el beso de Iker y Sara en el Mundial de Sudáfrica. Eso es porque nunca les ha dado un beso mi hijo.

Un segundo. Perdonad.

¿Qué quieres ahora? ¡Qué pesadito estás! No ves que papá está trabajando... Sí, ya acabo, me queda sólo un capítulo... ¡Guapo! ¿Quién te quiere a ti?

Ya estoy aquí otra vez, era Martín, que ha venido a darme un beso.

20

¡Feliz año nuevo!

La tensión se puede sentir en cada una de las personas que están pendientes del reloj. Es un momento
festivo en el que sin querer todos hacemos balance
de lo bueno y de lo malo, como decía Mecano. El
reloj empieza su inexorable cuenta atrás, aunque en
este caso tiene más sabor la cuenta hacia delante.
Sólo falta Ramón García con su capa acompañando
a toda la familia, aunque la verdad es que sería un
poco raro que Ramón García estuviera en mi casa,
sin conocerlo yo de nada. Cuidado, que ya llegan. Baja
la bola que representa al bebé que bajó por el útero
de su mamá. Llegan los cuartos, los que te has gasta-
do en el bebé a lo largo de este tiempo. Y ahora sí. Una
campanada, un mes, dos campanadas, dos meses,
tres campanadas, tres meses. Y así sucesivamente

hasta llegar a 12 campanadas, 12 meses. ¡Feliz año nuevo! Tu hij@ ya tiene 1 año de vida. Es emocionante, ¿verdad? Un año entero, 365 días, uno detrás del otro. Creo que ha llegado el momento de repasar algunas cifras. En 365 días...

Has dormido una media de tres horas al día. Total: 1.095 horas.

Has cambiado una media de seis pañales al día. Total: 2.190 veces tocando mierda humana.

Has sonreído mirando a tu hijo una media de cinco veces al día. Total: 1.825 sonrisas de pura felicidad.

Has pensado en haberte puesto preservativo en aquel polvo una media de una vez cada dos días. Total: 182,5 veces de las que ahora te arrepientes.

Éstas son algunas de las cifras, sólo algunas. Cada uno tiene las suyas y cuando llega el mes 12 irremediablemente empezamos a pensar en ellas. El mes 12 es un mes muy especial por muchas razones. La primera y fundamental, porque se cumple un año, un año en el que tú y tu hij@ habéis sobrevivido. Parece una obviedad, pero hay momentos en los que habrás dudado de que eso fuera a suceder. Pues sí, amigo padre primerizo, enhorabuena. No la has cagado tanto como para no llegar al año. Esto sin duda se merece un aplauso. Haré como los niños pequeños y daré palmitas mientras digo la vocal «e» de bieeeeeeen. Aun así no cantemos victoria, que nos queda este último escollo, el mes más especial, el mes de la verdad, el mes de la transformación. El mes en el que tu bebé ya no será nunca más un bebé. Ahora será un niño. Incluso diría yo, un señor niño o señora niña.

Ya no es un bichejo al que es difícil entender. Ya no es un ser humano pequeño imposible de descifrar. Ya tiene capacidad de mantener conversaciones contigo. No penséis que me estoy precipitando, porque es así, como os lo cuento. No son conversaciones sobre los átomos o la inflación de Alemania. Son pequeñas conversaciones sin mucha enjundia, en las que cada uno con sus códigos le dice al otro un mensaje y el otro lo entiende. Os pondré un ejemplo para sepáis de qué hablo.

Martín, su madre y yo a punto de irnos a casa a última hora de la tarde. Llevábamos casi dos horas en el parque, por lo que nuestro aspecto era el de dos vagabundos. Llenos de mierda hasta arriba y muy cansados. De repente Martín se para, mira al cielo y empieza a gritar como un poseso. Yo, que estaba muy harto de tanto griterío infantil, no olvidemos que veníamos de pasar toda la tarde en el parque, empiezo a decirle: «Ya está bien Martín. Ya vale de tanto grito. No me montes el pollo ahora, por favor». El niño me mira en silencio y vuelve a mirar al cielo y a gritar. Me vuelve a mirar y grita como diciendo: «No te estoy montando el pollo». Y entonces lo descubrí. En una última mirada me señala al cielo. Miro hacia arriba y veo la luna más llena y grande que he visto en mi vida. Sólo de recordarlo se me pone la piel de gallina. Mi hijo, un renacuajo de 1 año, nos estaba llamando la atención para que contempláramos aquella luna tan bonita. Por supuesto, él no sabía lo que era la luna, pero sabía que era algo bonito y lo quiso compartir. ¡Qué momentazo! Había tenido la primera conversación profunda sobre el futuro con mi hijo. Sí, sobre el futuro. Está claro que mi hijo será astronauta.

¿Lo veis? Todavía no hablan, pero ya puedes tener conversaciones con ellos. Hasta tu nevera va a cambiar a partir de este momento. No hablo de la comida, que por supuesto cambiará. Será un festival de papillas y yogures. Sólo hay dos lugares en el mundo en los que las neveras son exactamente iguales. La casa de un abuelo y la de un niño de 1 año. Será el exterior de la nevera lo que sufra un cambio radical. Hasta ahora todo eran imanes de viajes que habías hecho. Eso se acabó, los imanes ya tienen algo que sujetar a parte del folleto de la pizzería a domicilio. La nevera será colonizada por dibujos de tu hij@. Cuando tienen 1 año ya son artistas, ya son capaces de dibujar sobre un papel. A ver, llamarlo dibujar a lo mejor es un poco mucho. Vale, decir que un niño de 1 año dibuja es como decir que Paulina Rubio canta. Ellos lo intentan y eso ya es algo, los niños y Paulina, digo. Te vas a encontrar con que le pones delante a tu criatura un papel en blanco y unas pinturas, y pasarán dos cosas. En el

90 por ciento de los casos pintará el suelo y destrozará el papel con las manos, y en el otro 10 por ciento hará garabatos a los que buscarás una interpretación más allá de la realidad.

Yo he llegado a oír a mi chica decir cosas sobre los dibujos del niño como: «Yo creo que tiene mucha sensibilidad. Mira cómo ha entendido el concepto del todo a través de un trazo. Este niño es un artista».

Y yo venga a mirar a Martín, con un moco colgando y el dedo en la nariz. Sin duda es un artista, pero yo creo que más de la escultura, porque está ahí moldeando el moco que no veas. En fin, aunque los dibujos sean un desastre os hará mucha ilusión que los haga y os los dé en la mano. Probablemente la mamá le habrá dicho: «Ve y dáselo a papá», y él se acercará con el dibujito en la mano en plan «mira papá, ésta es mi nueva obra, ¿te gusta?». Por supuesto la respuesta al ver el dibujo es: «Madre mía, cariño, es increíble, que le den a Miró, lo tuyo sí que es arte».

Esta situación que os acabo de contar ¿no os parece novedosa? No os habéis dado ni cuenta. Desde luego, cómo sois. El niño ya hace cosas cuando se las pides. Lo entiendo, son tantos cambios que algunos se os pasan por alto. Éste es un avance de los más significativos. Le dices que haga algo y lo hace. Ya entiende tus mensajes, las palabras, y sobre todo entiende quién se lo está diciendo. La primera vez que lo hizo delante de mí estaba a punto de cometer un crimen.

Él estaba a punto de cometer un crimen, él, no yo. Tenía entre sus manos el mando a distancia. Habréis notado que hablo mucho del mando a distancia, pero es que, no sé por qué, tienen obsesión con estos artilugios. Lo llevaba escondido en sus zarpas, y su intención clarísimamente era tirarlo a la papelera. Sí, mi hijo es un mamón. Se acercaba sigilosamente a delinquir y lo pillé. Lo llamé y le dije: «No, de eso nada, dale el mando a papá». Y el niño se dio la vuelta y me lo dio en la mano. Me hizo tanta ilusión que estuve a punto de devolverle el mando y decirle: «Toma, haz lo que quieras con él».

Es increíble lo rápido que pasa el tiempo cuando hay un niñ@ en casa. Te pones a pensar en la cantidad de veces que has intentado transmitir un mensaje a tu hij@ y te ha hecho menos caso que el PP a sus votantes. Y de repente le dices una cosa y te obedece. Es para ponerse a temblar. Y lo del PP subiendo impuestos ni te cuento.

Hace 12 meses era un renacuajo al que todos sacaban un parecido distinto y ahora es otra persona, tiene otra carita, otros ojos. Tal vez hasta tenga otro color de pelo. Por cierto, es a partir del año cuando se ve realmente a quién se parece. Tú deja que los familiares, amigos y el Papa de Roma opinen durante 12 meses. Al final parece que en lugar de un niño has tenido a Mister Potato. «Los ojos son de la madre». «La boca se parece a la del padre». «Tiene los labios del abuelo».

«Míralo, si tiene la barbilla igual que el fontanero». Siempre hay un gracioso de turno. Déjales que hablen todo lo que quieran desde que nace hasta ahora. Al primer año, ahí se verá a quién se parece. Y lo más normal es que tenga tal mezcla de rasgos que seáis incapaces de saber a quién se parece más. Se parezca a quien se parezca, ha llegado a su primer año de vida y eso hay que celebrarlo. Hay que preparar, ojo al dato, su primer cumpleaños.

El primer cumple de tu hijo hace una ilusión tremenda. Es de las cosas que más ilusión hace en la vida, y lo mejor es que es una de las ilusiones más inútiles que existen. Yo, que soy muy poco futbolero, lo comparo con la ilusión que te hace cuando gana tu equipo. Te hace mucha ilusión, pero ¿realmente de qué sirve? Pues esto es igual. ¿De qué sirve celebrar el cumpleaños si el niño no se va a enterar de nada y, lo que es peor, no se va a acordar? Ya os lo digo yo, no sirve de nada, pero hace mucha ilusión. Mi consejo sería que no preparéis grandes fiestas ni grandes celebraciones, porque, efectivamente van a caer en saco roto. Ése sería mi consejo, pero también os he de confesar que yo me pasé mi propio consejo por el forro.

Le montamos al niño una *party* espectacular. Vino todo el mundo, amigos, familia, acoplados. Parecía una recepción de Ferrero Rocher. Había niños que yo ni conocía. Un amigo de la familia se empeñó en contratar a un payaso que al final no dejé entrar en casa. Qué queréis que os diga, los payasos me dan miedo. Encargamos una súper tarta. Y Martín se pasó casi todo su primer cumpleaños dormido en su cochecito. Al final llegas a la conclusión de que la celebración del primer cumpleaños no es para él, es para ti.

Y entonces llega el momento de soplar la primera velita de su vida: 365 días después mi hijo tenía delante una tarta de cumpleaños, toda una vida por delante y una vela con forma de número uno. Es posible que a los 12 meses un niñ@ ya sea capaz de soplar las velas, no fue el caso de Martín, que aprendió a soplar un día después de su cumpleaños.

Allí estaba él, delante de su corto pasado y su increíble y largo futuro. Y detrás su madre y yo, el padre primerizo, el mismo que tantas y tantas veces había estado cagado de miedo por no saber si lo haría bien. Mi pareja me cogió de la mano, me miró a los ojos y juntos soplamos la primera vela de su vida. Mi hijo ya tenía 1 año. Me acordé del parto, de lo mal que lo había pasado Sira, mi amor, o de lo mucho que lloré cuando por fin nació. Recordé lo poco que habíamos dormido ese año, lo mucho que habíamos discutido durante el embarazo. Me vinieron a la cabeza tantas cosas... Su primera sonrisa, la primera vez que me cogió el dedito, la primera vez que me desperté en medio de la noche y lo vi dormidito. Su madre se despertó también, se acercó por detrás. Los dos lo mirábamos mientras dormía en la cuna, y sin decir nada nos quisimos más que nunca. Recordé tantas cosas que es imposible describirlas todas.

Sin duda es muy duro ser padre primerizo. No puedo imaginar lo que debe suponer convertirse en madre. Las mujeres tienen toda mi admiración. Quienes digan que ellas son el sexo débil es porque no han asistido a un parto. Parir es el mayor acto de amor que he visto. Ser madre y traer una vida al mundo hace que una mujer sea de una raza superior, y mejor persona. Excepto la madre de Marco, ésa no cuenta, siempre hay madres que hacen sufrir a sus hijos.

Pero a pesar de lo duro que es, de lo mucho que te preocupas, pese a lo poco que sabes sobre niños y la inseguridad que eso te produce, a pesar de todo ello, ser padre es lo más bonito que te puede pasar en la vida. Sé que esto lo dicen en todas las películas, libros y series del mundo. Yo también creía que era un tópico más, pero ahora lo sé. Nada de lo que consiga en mi vida profesional o personal será tan increíble como haber sido padre. Ahora sé lo mucho que me quería el mío. Ahora que tengo un hijo entiendo tantas y tantas cosas que mi padre me decía, y que seguro yo le diré a Martín. Él tampoco las entenderá a la primera, es ley de vida, nos ha pasado a todos los hijos, ¿no es cierto? Los padres transmiten valores. Eso también forma parte esencial de la paternidad, ya lo he aprendido. Por mucho respeto que te dé enfrentarte a esta nueva faceta de tu vida, ánimo, nunca lo harás peor que Darth Vader. Por lo menos respirarás mejor. Y llegado el día tu hij@ y tú sí que podréis conquistar la galaxia juntos. Y sí, cuando digo galaxia me refiero al parque.

Ése es el mensaje final con el que me gustaría que te quedaras. Podrás. Con ayuda o sin ella. Tal vez empezaste a leer este libro pensando que era una especie de guía o manual en el que apoyarte ante la llegada de tu hij@. Puede que buscases aquí a un gurú o consejero espiritual. Sinceramente, espero que no.

Éste es mi cuaderno de bitácora en mi primer año de navegación surcando la paternidad. No hay manuales de instrucciones para este momento de tu vida. Sabrás cómo hacerlo. Con los bebés es como con los muebles de Ikea. Aunque no aciertes a la primera, al final se sabe cómo hacerlo. Si yo he podido, tú puedes. Si has llegado al final de este libro es porque crees que lo de ser padre va más allá de perpetuar el apellido, o porque no tienes criterio literario. En una de las dos opciones he acertado, seguro, porque ya nos conocemos mejor.

Hemos compartido unas cuantas horas de lectura, de sonrisas y lágrimas. Ya sabemos más el uno del otro, queda menos para que te estrenes como padre primerizo, y aún me falta algo por decirte: te deseo mucha suerte, de todo corazón. Mi padre siempre decía que el que siembra recoge. Creo que con un hijo también es así. Dale amor y te dará amor. Dale respeto y te mostrará respeto. Dale 50 euros, y te dará... ¿Las gracias? Bueno, toda regla tiene su excepción. Pero creo firmemente que con los hijos hay que sembrar para recoger. Desde luego, como padres, siempre se ha dicho que eso es lo primero que hacemos los hombres: «Poner la semillita». Tan seguro estoy de que no mueres en el intento de ser padre primerizo, que yo ya «planté» otra semillita, la segunda.

Es 9 de junio de 2012. Otra fecha que no se olvida. Mateo acaba de nacer. Lo que me pregunto ahora es: ¿cómo sobrevivir al segundo hijo?

Epílogo

De bien nacido es ser agradecido

Gracias:

A Sira por ser la madre de mis hijos. Por su amor. Por su amistad. Por su valentía. A mi madre, Angelita, por ser mi madre. Por su fortaleza. A mis cinco sobrinos (Juan, Sara, Luis, Javi y Carlos) porque, sin saberlo, fueron mi mejor entrenamiento para la paternidad. A Pedro Piqueras por su amistad. Por su sentido del humor. Por su prólogo. A Pedro Aznar por estar ahí. Por todos los chistes que me ha regalado. A Marta Schmidt por sus sesiones de fotos tan divertidas. A *www.pequeñorockanroll.com* por el estilismo de Martín. A Sandro D'Angeli y a Pablo Álvarez por ilusionarse con esta idea desde el primer momento.

Gracias a ti por escoger este libro.

Todos tus libros en
www.puntodelectura.com